JN058507

管理職のための実践スキル講座

東和薬品株式会社 上席執行役員
関西学院大学 経営戦略研究科 准教授

天野雄介 編著

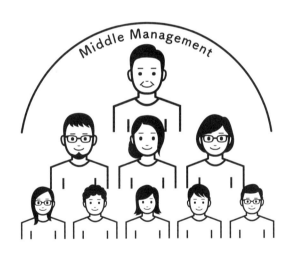

中央経済社

はじめに

　AI，IoTなどのデジタルトランスフォーメーション（以下「DX」）が進展する一方で，労働力不足の問題も深刻になりつつあります。単純に，労働力不足をDX技術が埋めてくれるのであれば，企業も個人もそれほど深刻に受け止める必要はありませんが，実際はそんな簡単な話ではないのはご想像のとおりです。

　現在は，多くの企業がDX技術を活用し出してはいるものの，まだその多くは導入期のレベルといえます。DXに向けた人材育成と既存ビジネスの安定運用や業務改善を継続するための人材をどう創出していくかが，企業における喫緊の課題だと私は考えています。

　ところで，私（天野雄介）は現在，大阪府門真市に本社を置くジェネリック医薬品メーカーの東和薬品株式会社に勤めています。当社は，今年で70周年を迎える会社ですが，私はそこで新規事業領域とITシステム領域を担当しています。時には，社内の研修講師であったり，自部門の人材育成などにも携わっています。当社の経営者が人材育成に熱心なせいもありますが，私自身が人材育成のプログラム開発やコンテンツ開発が好きだからということも多分に影響しています。休日には，大学や大学院等でも講義を行っており，長年のライフワークになりつつあります。現在は，専門職大学院でMBA取得や会計資格の取得を目指す社会人の教育にも関与しています

　話は戻りますが，ビジネス環境の変化がめまぐるしい中で，自社単独では専門技術の導入やDXに向けた人材育成などは先々困難だと考え，私どもでは2018年10月に大手システムベンダーのTIS株式会社とともに「Tスクエアソリューションズ」というITとヘルスケアを融合させた新しいタイプの会社を立ち上げました。それによりDXに向けた人材育成や先進技術の導入などにも取り組む基礎ができ，現在も関係者と日々さまざまな課題に取り組んでいます。

　そういった経験を経てきた中で，「これからの新しい時代の到来に備えて，

少なくとも身につけたうえで管理職にならないと困る知識やスキルにスコープを当てた本って，なかなか見当たらないものだな」という雑談を20年来の後輩であり友人でもある執筆メンバーの1人と会話したのがきっかけとなり，本書を執筆させていただく機会を得ることになりました。

　どこまでその思いが具現化できたのかはわかりませんが，管理職に向けてスキルアップを考えている方はもちろんのこと，将来のキャリア形成に不安を感じている方や人材育成に携わる企業ご担当者などの課題解決の一助になれば望外の喜びです。なお，本書で提示している意見は，執筆メンバー間で十分に検討を重ねて執筆させていただいていますが，筆者らの勤務先である東和薬品株式会社やTIS株式会社の公式見解ではないことを申し添えておきます。

　本書執筆にあたり，ヒアリング等で協力いただいた実務家の方々および勤務先の関係者にも大変お世話になりました。また，株式会社中央経済社の坂部秀治氏の執筆過程での親身かつ的確なアドバイスには執筆者一同大変感謝しています。

　最後に，東和薬品株式会社の吉田逸郎社長の存在なくして，本書がこのような形で世に出ることはなかったと思っています。日々お世話になっていることを含め，心より感謝申し上げます。

2021年4月

天野　雄介

■ヒアリング等ご協力いただいた方々（敬称略／五十音順）

　本書執筆にあたり，貴重なご意見や資料提供等ご協力いただいた方々は以下のとおりです。記して感謝申し上げます。なお，ご承諾いただいた方のみを掲載しています。

＜ヒアリング・資料提供協力者＞（肩書きは執筆時）

工代 将章　　　　株式会社みちのりホールディングス　ディレクター

倉貫 義人　　　　株式会社ソニックガーデン　代表取締役社長

小林 文裕　　　　あさまコンサルティング合同会社　代表社員

佐藤 寛之　　　　株式会社カオナビ　取締役副社長

洲貝 忠男　　　　株式会社Symbolic　代表取締役

中石 真一路　　　ユニバーサル・サウンドデザイン株式会社　代表取締役

長島 高志　　　　株式会社インヴィニオ　西日本オフィスマネージャー

野村 進一　　　　ブックオフホールディングス株式会社　グループ人財開発部長

橋爪 直道　　　　日本ペイントホールディングス株式会社　人事副部長

宮武 宣之　　　　ソウルドアウト株式会社　執行役員 グループ人財本部長

＜その他協力者＞（肩書きは2021年4月1日現在）

東和薬品株式会社

人事本部　　　　キャリア開発部　次長 三浦 薫，課長補佐 河島 正和，山内 萌
　　　　　　　　主査 平川 和孝

管理本部　　　　法務部　部長 大西 秀和，課長補佐 辻浦 晃一，表田 希実

事業推進本部　　次世代事業推進部　次長 藤田 和宏
　　　　　　　　業務推進部　課長 畦 如秀，山根 夕希，片野 由貴

経営戦略本部　　経営戦略部　次長 石田 顕治

Ｔスクエアソリューションズ株式会社

　　　　　　　　事業推進部　統括マネジャー 松本 治生

　　　　　　　　事業企画部　統括マネジャー 福岡 敬真

目　次

第2章　**ITリテラシー**

第3章　法務リテラシー

第4章 ヒューマンスキル

第5章　コンセプチュアルスキル

本書の構成と特徴

2

（1）ビジネス環境の変化と人材育成に関するパラダイムシフト

　わが国では，団塊ジュニアが社会人になった90年代後半にバブルが崩壊して以来，20年以上も経済の成長鈍化とデフレが続いています。少子高齢化の影響により，高齢者の増加や現役世代の減少が著しくなり，労働力人口の減少という社会問題（いわゆる「2030年問題」）が顕在化してきています。それに対応すべく，製造業や建設業を中心とした外国人労働者の活用であったり，AIやIoTなどのデジタル技術の進展に伴う業務の自動化が多くの企業で取り組まれています。

　そのような最中，2019年12月に中国・武漢市で報告された原因不明の肺炎は，「COVID-19（新型コロナウイルス感染症）」と名付けられ，いまやわが国も含め世界中で猛威を振るっています。企業だけでなく個人の生活からも「それ以前の当たり前の日常」が奪われ，人とモノの流れの寸断と停滞により産業全体に大きな打撃を与えています。このコロナ禍は「それ以前の当たり前の日常」を奪うだけでなく，私たちに「これからの新しい日常」の構築を迫っているともいえます。

　場所や時間の概念を根本的に変化させ，従来の日本企業の中であればなかなか受け入れられなかったテレワークの促進や働き方のさまざまな形態の選択などについて，一部の先進企業だけでなく中小の企業も含めて真剣に検討が進められています。在宅勤務などを一部の特殊な社員が選択する働き方と考える状況ではなくなった今，企業も個人も意識変革が求められています。

　経団連の調査によると，「ビジネス環境の変化に人材育成施策が対応できていない」と約9割の企業が回答しています。主な要因としては，「社員の就労意識の多様化」と「デジタル技術の進展」などが挙げられています（図表序－1参照）が，今回のコロナ禍がそれらを企業にも個人にも迫ることになっているのは前述のとおりです。

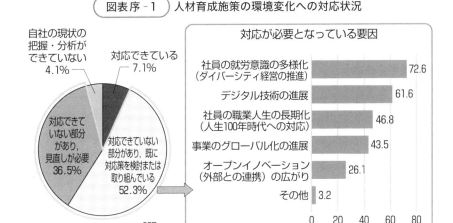

図表序‐1　人材育成施策の環境変化への対応状況

出典：一般社団法人 日本経済団体連合会『人材育成に関するアンケート調査結果』（2020年1月21日）

　では，このような背景を踏まえ，私たちはこれまでの人材育成施策をすべて変えていかなければならないのでしょうか？　筆者は，**変える必要のない部分と変わらなければならない部分がある**と考えています。

　筆者は，**ミドルマネジメント（以下「ミドル層」）になるまでに"一定程度の基本"を身につけるべきである**と考えており，そこは変わりなく企業も個人も対応していくべきものだと考えています。一方で，変わらなければならない部分が出てきているのは前述のビジネス環境の変化からも明らかであり，就労意識の変化や新しいデジタル技術を企業も個人も取り入れて柔軟に対応していかなければなりません。

（2）本書の読者ターゲット

　本書では「これからミドル層を目指す方」や「すでにミドル層であり再学習が必要な方」をメインターゲットとして執筆しています。ミドル層は，トップ

マネジメント（以下「トップ層」）の意思をローワー層に伝えるとともに，現場の情報をトップ層へ正確に伝え，**経営意思決定を適切な方向へ導く「コミュニケーションの要」であり，この層の底上げは企業の競争力を高めるうえで非常に重要な取組み**だといえます。その一方で，図表序-2でも示しているように，ミドルマネジメント人材の育成が企業それぞれの求めるレベルまで進んでいない場合，企業経営の競争力にも大きく影響を与えかねません。そのようなことを踏まえ，新しい時代に企業を引っ張っていくミドル層に読んでいただきたい内容をまとめています。

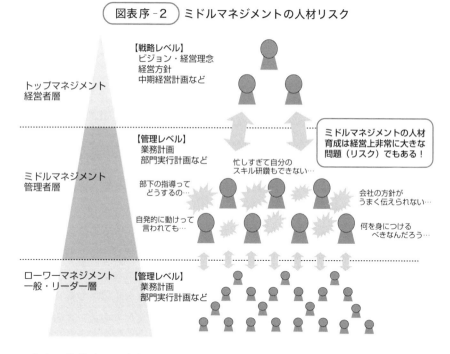

図表序-2　ミドルマネジメントの人材リスク

　本書の執筆陣は，各領域の専門資格や専門技術を備えた専門家で構成されており，各領域で経験を積んだうえで，それらをベースとして事業会社で実務経験や各種プロジェクトに多数従事してきました。そのような経験を踏まえ，事業会社のミドル層に何を身につけてもらうべきか，何に困っているかなどを話し合いながら執筆しています。また，筆者らの勤務先の人材開発部門の担当者

やお付き合いのある他企業の人材開発領域の専門家からも次のような貴重なお話やお悩み事などをお伺いできました。

- 経営環境の変化に対応した適切な**管理職人材の育成が追いついていない**。
- 会社のビジョンや理念教育を進めたいが，管理職を中心とした人材が十分でないため，取組みが進んでいない。
- 管理職人材の育成が進んでいないため，現場のOJTなどの育成にも問題が出ている。
- **優秀な管理職はプレイングマネジャーになっていて，自分の業務が忙しいために，マネジメントが疎かになっている。**
- **プレゼンや会議では的確に数字を駆使して説明できない人材が多い**が，研修等がうまく整備できていない。
- 業務を推進するうえでも，改善するうえでも，**一定の各領域の知識を身につけておくべきだが，何をどこまで身につけたらいいか提示できていない**。
- 実務において，社内の専門部署とコミュニケーションする能力を身につけさせたいが対応ができていない。

本書では，このようなご意見や事例も取り入れて，より実践的に作成するように工夫しています。

（3）本書の位置付け

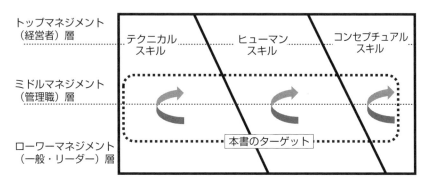

図表序 - 3　カッツモデルと本書の位置付け

※1955年ロバート・L・カッツ氏が提唱したモデルをもとに筆者らが作成

　次に，図表序-3を使って，ハーバード大学のロバート・カッツ氏が提唱した有名なモデルをもとに本書の位置付けを説明しましょう。このモデルは，階層ごとに3つのスキルの要求の割合が変化していくという考え方に基づいて作られており，ローワー層からトップ層に近付くにつれテクニカルスキルの要求が減っていき，逆にコンセプチュアルスキルの要求が増えていくのがわかります。また，ヒューマンスキルはどの階層においても必要とされていることがわかります。

　では，この3つのスキルの概要を見ていきましょう。

　まず，**テクニカルスキル**です。これは実務そのものに関するスキルや知識，技術熟練度のことで，業務遂行能力ともいわれることがあります。通常，一般的なスキルと専門的なスキルに大別されます。一般的なスキルは，ビジネスマナーや基本的なパソコン操作などになりますが，これらは新人レベルで身につける領域なので，あまり本書では取り扱いません。

　一方，専門的なスキルは職種などに応じた専門性の高い知識や技術領域になります。具体的には，会計・IT・法務・業界知識などの専門分野に特化した

能力・技術・知識ですが，**本書では特に「会計」「IT」「法務」に関して，専門部署でない一般のミドル層のために各領域での基礎知識と活用のためのポイントについて解説します。**なお，ヒューマンスキルとの関係も踏まえ，各領域とも必要な知識の概要を説明するとともに，それらを実務においてどのように活用するべきかについても踏み込んで執筆しています。

　次に，**ヒューマンスキル**ですが，これは他者との良好な人間関係を構築し，円滑なコミュニケーションを可能とするスキルのことであり，求められる内容は異なるとはいえ，すべての階層において必要なスキルです。特に，**本書のターゲット層においては，本スキルは必要不可欠なスキル**であると考えており，本書をきっかけにスキル向上を図ってもらえるように実務事例などを交えて解説します。コロナ禍の中で，実際に職場で取り組んでいる在宅勤務時の働き方とOJTの事例についても紹介します。本事例については，1つの取組み例ではありますが，これからの新しい働き方および育成のための参考になるものと考えています。

　ヒューマンスキルについては，座学のみで身につけるのは難しく，OJTによる教育が欠かせないので，新しい働き方の中でミドル層がいかにローワー層に働きかけるかが重要になってくると考えています。ローワー層のうちは，テクニカルスキル偏重でも，周囲からは業務処理能力が高いということで一定の評価は得られることもありますが，どのような職場でも，どのようなプロジェクトでも，このヒューマンスキルが欠落している人は最終的には通用しなくなってきていますので，本書でも紙面を割いて解説しています。

　最後に，**コンセプチュアルスキル**ですが，これは物事の本質を的確に捉えて，個人や組織が持つ可能性を最大限にまで高める能力です。上位階層になればなるほど求められるスキルであり，特にトップ層に求められる領域になります。こちらについては，本書のターゲット層が強く求められる領域ではないので今後求められる領域として簡単に触れる程度にとどめます。

各章の詳細と関係性については図表序-4のとおりです。

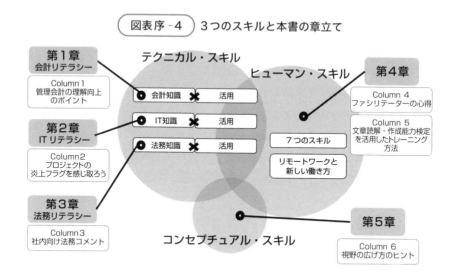

図表序-4　3つのスキルと本書の章立て

第1章では，ミドル層に求められる会計リテラシーとして，基礎的な会計知識と，その会計知識を実務で使いこなすために押さえておくべき考え方である会計スキルを紹介しています。第2章では，どの業種・業態においても急激にDX化が進み，ますます重要視されているITリテラシーにフォーカスし，解説をしています。IT知識のすみずみまで解説することは難しいため，ローワー層やミドル層が自身の業務を遂行するうえで押さえておくべき知識や動向，事例などを紹介しています。第3章では，他部門が法務部門に契約書の審査依頼をしたり相談したりする際に知っておくとスムーズにやり取りができる法務知識と，それらの知識を適切に使いこなすための法務スキルについて，事例を織り交ぜながら説明しています。

上記の各章は，この序章をご一読いただいたうえで個別に読んでいただいても理解できるように執筆しています。はじめから読んでいただければ，より体系的にご理解いただけるように作成していますので，お時間がある方はできればはじめから読んでいただけるとよいかと思います。

（4）本書の主な特徴

　序章の最後に，本書の特徴について説明します。

- **実務経験が豊富な専門スキルを持った多様な執筆陣**が，経験に基づいて，知識をいかに活用するかについて解説します。
- 各章では**できる限り実際の実務事例を活用**して，興味を持って読んでいただくだけでなく，読了後に業務に活用しやすいように工夫しています。
- ターゲット読者層が**最低限身につけなければならない範囲と深度について提示**させていただき，読者の指針になるようにしています。
- **図表をなるべく多く作成**することで，理解しやすく頭に残りやすいように工夫しています。
- **一般事業会社の会議等で出てくる用語で知らないと困る用語は，可能な範囲でご紹介するようにしています**。そのため，索引についてもそれを意識したものにしています。

　本書の執筆メンバーは，それぞれの専門領域の専門家でもあります。一般的には，公認会計士であれば監査，税理士であれば申告業務，システムエンジニアであればシステム開発というふうに，専門家としての領域に特化してキャリアを積んでいくのが大半です。一方，筆者らはこういったスキルや資格も一般事業会社のビジネスパーソンのツールの1つとして活用しながら，日々さまざまなプロジェクトや業務に取り組んできました。そのような経験から，筆者らは専門知識や技術も実務経験もともに大切だと改めて実感しており，業務の中でスキルを磨き続ける重要性とその具体的な方法について，筆者らが経験したことをできる限り公開するようにしています。専門資格で突き進もうと思っている方からは奇妙に感じる部分もあるかもしれませんが，これも多様な働き方の1つとして広い心で読んでいただければ幸いです。本書で取り上げるスキルや知識についてご理解いただくだけでなく，本書読了後も継続的に学習・トレーニングできるように各章で意識するように執筆しています。

　皆さんのスキル強化に向けての各章の扉を開けて，気楽に楽しみながら読み進んでもらえればと思います。

※本書における用語について

　本書で使用している用語については，下記のルールに基づいて記載しています。

- ●マネジメントの「層」を語るときは，「トップ層・ミドル層・ローワー層」と記載しています。
- ●本書のターゲットであるミドル層を語る際に，「管理職」「マネジャー」という言葉が混在しています。読みやすさを重視してあえて併存させていますが，同じミドル層を指しています。

会計リテラシー

第1節 ┃ 管理職に求められる基礎的会計リテラシーとは？

（1）仕事を数字で考える必要性

　ビジネスの場面では，「すごく売れ行きがいい」とか「損害はそんなに大したことはない」とか「しっかりと対処していきます」，「もっと努力するように」など感覚的，感情的な言葉が飛び交っています。中にはこうした感覚的，感情的な言葉のみで話をする人もいて，そのような人との会話は，たとえ1時間話をしたとしても内容が何も残らず，次のアクションにつながりません。それどころか「損害は大したことはない」とか言っていた割に，後で確認するととんでもなく巨額な損害だった，というような状況が生じることもあります。

　こうした問題は，「数字」で語ろうとしないことで生じています。仕事を数字で捉えて話すようにすれば，個人個人の感覚に左右されることなく，客観的に内容を伝えることができます。受け手も内容を正しくつかむことができるので，納得感をもって次のアクションにつなげることができますし，数字に誤りがあるようであればそれを確認することができます。

　このように**数字で考えることは，他者と適切なコミュニケーションをとり仕事をスムーズに進めていくうえで，すべてのビジネスパーソンにおいて必須の能力**です。

　そして，管理職には，この数字で考える能力がより一層強く求められるようになります。ここで想定する管理職像は，経理部や経営企画部など予算や決算などで常日頃から数字に向き合うことが当然とされている部署の管理職だけではありません。営業や生産，開発，人事といった，その部署の本来的活動が数字に向き合うことではない部署における管理職も含まれます。ローワー層からミドル層になれば，仕事を数字で考えて表現していくことが強く求められるようになります。

　これは，ミドル層になると，ローワー層よりも一段階広い範囲で会社の活動を捉えていくことが求められる一方で，1人の人間が数字の助けなく活動を把握できる範囲は限られるためです。ローワー層では，現場で自分が直面する仕

事をこなせればよいので，捉えるべき範囲は狭いです。また，たとえ部下の監督をしなければならなかったとしても，数名程度の部下の活動は日々具体的に把握できますし，各人に頻繁に声をかけることができます。声すらかけずに阿吽の呼吸で動くことも期待できるでしょう。しかしながら，これが部下を10数名以上抱えるようなミドル層の管理職ともなると話は別です。10数名を超える部下の活動を日々具体的に把握し声をかけ続けることは困難ですし，すべての部下と阿吽の呼吸で動いていくことは至難の業です。現場にいる部下の活動を適切に把握し，動かしていくには，数字で活動を捉えて，動かしていくことが必要になります。

　より広い範囲で会社の活動を把握していくことが求められるミドル層の管理職は，数字で活動を捉える能力が強く求められることとなります。もちろん，ミドル層からトップ層になりさらに広い範囲で活動を把握していなかければならなくなったときは，なおさら重要となってきます。

（2）基礎的な会計リテラシー

　実は，この，**仕事を数字で考える能力を有しているかどうかは，基礎的な会計リテラシーを有しているかどうかと同じ意味**となります。「会計」とは，会社の活動を数字で捉えて表現する方法を体系的に整理したものだからです。「会計」の考え方は，ビジネスの世界で共通言語的に使われているため，会計リテラシーを駆使することにより，スムーズに他者とコミュニケーションをとることができます。

　本章では，ビジネスにおいて活動を数字で捉えて表現する際に，ローワー層からミドル層へ転換するまでに身につけておきたい基礎的会計リテラシーを解説しています。**この基礎的会計リテラシーは，「基礎的な会計知識」と「基礎的な会計スキル」の大きく2つに分かれます**。

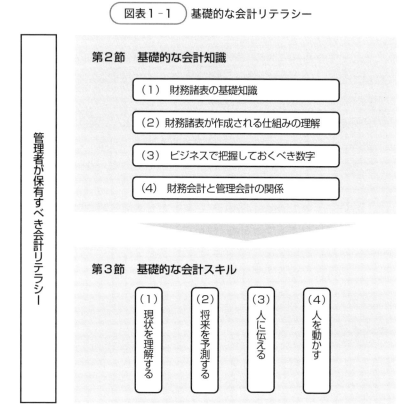

図表1−1 基礎的な会計リテラシー

管理者員が保有すべき会計リテラシー

第2節 基礎的な会計知識

(1) 財務諸表の基礎知識

(2) 財務諸表が作成される仕組みの理解

(3) ビジネスで把握しておくべき数字

(4) 財務会計と管理会計の関係

第3節 基礎的な会計スキル

(1) 現状を理解する

(2) 将来を予測する

(3) 人に伝える

(4) 人を動かす

　筆者が過去にさまざまな業務で多くの方々とともに仕事をしてきた経験の中には，会計リテラシーの非常に高い人から低い人までさまざまな方々がいました。会計リテラシーが低い人に向けて会計リテラシーを上げるための研修も数多く実施してきました。そのような経験を通して，**会計リテラシーが低い人は「基礎的な会計知識」と「基礎的な会計スキル」のどちらか，または両方が欠けている**と考えるようになりました。

　まず，会計リテラシーの低い人の多くは，基礎的な会計知識が足りていないケースが多いです。基礎的な会計知識が足りていないので，何かを数字で伝えようとしても本来の用語と異なる使い方や解釈をして，周りの人とのコミュニケーションミスを招いたりします。結果，仕事がうまく回りません。このような人が数字で語れるようになるには，ある程度の用語や考え方を覚えてしまわ

ないといけません。このため，第2節「基礎的な会計知識」では，管理職が知っておきたい必要最低限の会計知識を初歩的なところから解説します。ただし，ここで基礎的な会計知識として扱う内容は，単なる財務諸表の用語としての知識だけではなく，その財務諸表が表す本質を捉えた財務諸表の読み方であるとか，ある程度の数字自体を覚えておくことやその際の考え方を含みます。

　一方で，会計リテラシーの低い人に対して「基礎的な会計知識」を習得する教育研修を行い，実際にある程度の知識が身についたとしても，どうにも使いこなせない人，会計リテラシーが低いままでいる人が一定割合いるのも事実です。中には，公認会計士のような会計専門家でも使いこなせない人がいます。

　この使いこなせる人と使いこなせない人の違いがどこにあるのかについて，多くの方に実際に質問して原因を探りました。使いこなせない人たちに聞いても理由は出てきません。使いこなせる人たちに聞くと「センスの違い」という答えがほとんどです。しかし，「センスの違い」で片付けてしまうと，センスのない人には救いがなくなってしまいます。使いこなせていない人も何とか使いこなせるように，いわばこの「センス」に当たる部分を何とかまとめたものが，第3節「基礎的な会計スキル」です。筆者が実務上でよく出会ってきた「使いこなせていないと感じる事例」について会計リテラシーの高い人たちと協議し，「あるべき考え方」をまとめたものとなっています。使いこなせる人にとっては当たり前だという部分がほとんどかもしれませんが，使いこなせているかいまひとつ自信のない方はぜひご一読いただいて，実務で使ってみるようにしてください。

第2節 ｜ 基礎的な会計知識

　本節では，管理職が知っておきたい必要最低限の会計知識を解説します。財務諸表を見て何がわかるのかといった「財務諸表の基礎知識」を解説するほか，その財務諸表を読み解く前提となる「財務諸表が作成される仕組み」や仕事をするうえで「数字として意識しておくべき項目やその使い方」，最後に「財務会計と管理会計の関係」について解説します。

（1）財務諸表の基礎知識

① 決算，財務諸表とは何か？

　決算とは，ある一定期間に会社の収入や支出がいくらあり，どれだけ儲かったか（あるいは損したか），資産や負債などの財産の状態がどうなっているかについて算定することをいいます。会社が決算をするときに作成する書類のことを「決算書」とか「財務諸表」と呼びます。

　従業員数が10万人を超えるような超大企業であっても従業員数が10人程度の小さな会社であっても，財務諸表（決算書）を見ることにより，その会社の活動状況や経営実態を把握することができます。

　決算書（財務諸表）で特に大事で基本3表と呼ばれるものが，「貸借対照表」，「損益計算書」，「キャッシュフロー計算書」の3つで。それぞれの決算書からわかることは図表1-2のとおりです。

図表1-2　決算書でわかること

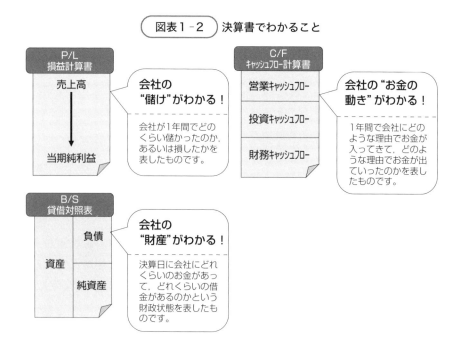

② 　決算書を理解するうえでのポイント

図表1-3 　決算書を理解するうえでのポイント

ポイント①	決算書の作成は義務です！
ポイント②	決算書は会社の経理担当者が作成します！
ポイント③	決算書は1年に1回以上（大企業は年4回）作成します！
ポイント④	決算書は会計ルールに沿って作られます！
ポイント⑤	決算書でのウソは犯罪になります！

　決算書を理解するうえでのポイントは以下の5つです。

① 　決算書は法律によって作成が義務付けられています。上場会社のみならず，すべての会社において作成しなければなりません。正しい税金を算出するためにも決算書は必要であり，税務署への提出義務もあります。

② 　決算書を作成するのは会社の経理の担当者です。決算書の作成は，日々の取引を整理して記録することから始まり，それらを集計・計算することにより，最終的に決算書を作成します。

③ 　最低でも1年に1回以上は決算書を作成しなければならないことが法律で定められています。一般的に，大企業などでは，より早期に会社の業績がわかるように四半期ごとの四半期決算などを行っています。

④ 　会社のお金や物の出入りを金額として記録・管理することが1つのルールであることから始まり，会計にはかなり細かいさまざまなルールがあります。これは，決算により得られた利益を税金の計算に利用するためであるとか，他社の決算書と比較ができるようにするためです。本書は決算書を作る方々を対象としているのではなく，決算書に馴染みがない方々でも，決算書をある程度理解し活用するレベルを目指しているので，そのために必要となる最低限の会計ルールのみを後ほどご紹介します。

⑤ 　決算書は自社で作るため，本当は儲かっていないのに儲かっているように

見せることもできます。いわゆる粉飾決算です。こういった行為は，経営者が特別背任罪や詐欺罪といった刑事罰の対象となり，処罰を受けることになります。大企業などでは，正しく決算書が作られているかを第三者である監査法人や公認会計士が監査します。

③　損益計算書

　損益計算書は，P/L（ピーエル，Profit and Loss Statement）とも呼ばれ，会社が１年間でどのくらい儲かったのか，あるいは損をしたのかを示す表です。会社が販売活動や生産活動，研究開発活動といったさまざまな活動を通じて，得られた収益とそのために使用した費用，そして収益と費用の差引きの結果として会社が得た利益（または損益）を表します。「収益」と「利益」は，私たちの給料でたとえると，「収益」は社会保険料や所得税などが控除される前の支給額であり，「利益」は銀行に振り込まれる手取り額のようなものです。

　通常，会社が作成する損益計算書は図表1-4のような表になります。

図表1-4　損益計算書の例

損益計算書 ［自 20X1年4月1日 至 20X2年3月31日］

　　　売上高
－　売上原価
　　　売上総利益
－　販売費及び一般管理費
　　　営業利益
＋　営業外収益
－　営業外費用
　　　経常利益
＋　特別利益
－　特別損失
　　　税金等調整前当期純利益
±　税金等の調整
　　　当期純利益

　まず，冒頭に「20X1年4月1日～20X2年3月31日」と，損益計算書が対象とする期間が示されていることに留意してください。損益計算書は，この対象期間（1年間）における会社の活動の累積を表した結果となります。

　損益計算書の構造は簡単で，一番上の「売上高」（収益）から始まって，そこからいくつかに分類された「費用」を順番に差し引いて「利益」を算出することを段階的に繰り返し，最終的な利益（当期純利益）を算出していきます。

　商品販売を例にとると，会社が販売した商品の販売金額合計である「売上高」（収益）からその販売された商品の購入代金に相当する費用である「売上原価」を引いて商品の販売から直接得られた利益としての「売上総利益」を求めます。この「売上総利益」から商品の販売活動や管理活動から生じた費用である「販売費及び一般管理費（販管費）」を引くことにより，本業から得られる利益としての「営業利益」を算出します。次に，銀行からの受取利息や支払利息など本業以外から得られる収益と費用である「営業収益」，「営業費用」を加減して，会社が通常行っている活動から得られた利益である「経常利益」を算出します。この「経常利益」から，火災など突発的なイベントから生じた損益項目である「特別利益」，「特別損失」を加減して，最後に法人税の支払いなどの税金項目を調整することにより「当期純利益」を算出します。会社が最終的に黒字か赤字かは，この「当期純利益」（赤字であれば「当期純損失」）がプラスとなっているかマイナスとなっているかで判断します。

現場で使えるTips　利益と税金

　法人税や住民税などの税金は，会社の利益に税率をかけて税額を計算するので，いったん，税引前の利益を算出して税額を計算し，それらを差し引くことにより「当期純利益」を算出します。利益に対して最終的に負担するこれら税金の額の割合を実効税率と呼びます。実効税率は，会社の規模や所在地によって異なりますが，おおよそ30％～35％と覚えておくとよいでしょう。

20

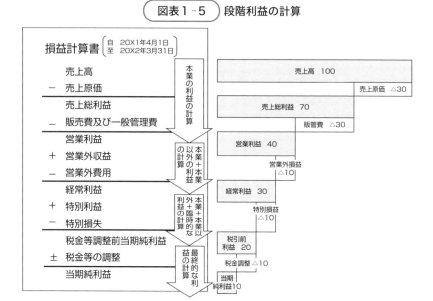

図表1-5 段階利益の計算

「売上高」から始まり「売上総利益」,「営業利益」,「経常利益」,「当期純利益」
と段階的に利益を算出していくのがポイントです。最終的な儲けを表す「当期
純利益」は重要ではあるものの,この数字は,あらゆる活動が関わってきた結
果としての数字となるため,これだけで会社を分析することは難しいです。本
業に関係する活動なのか,本業ではなく財務に関する活動なのかというように,
会社の活動の性質に応じて収益と費用を分類し,各段階での利益を算出するこ
とにより,本業自体の稼ぐ力がどれだけあるのか,本業以外から稼ぐ力がどれ
だけあるのかといった会社の活動ごとの分析を行うことができるようになって
います。

現場で使えるTips 実務で最も注目される利益

　損益計算書に含まれる「段階利益」のうち,最も注目されるのは本業で
の稼ぐ力を表す**「営業利益」**です。「営業利益」の金額や「営業利益」の「売

上高」に占める割合を表す「**営業利益率**」を確認することにより，その会社の本業の状態を知ることができます。多くの会社で,経営目標の指標に「売上高」と合わせて「営業利益」を採用しています。この「売上高」から「営業利益」までの数字を見る際のポイントは，後ほど詳しく説明します。

④　貸借対照表

　貸借対照表は，B/S（ビーエス，Balance Sheet）とも呼ばれ，決算日における会社の財産の状態を示す表です。決算日時点で，会社にどのような資産がいくらあるのかを左側（資産の部）に表示し，その資産を購入するための資金を会社がどうやって集めたかを右側（負債の部，純資産の部）に表示します。資産の部に記載された金額の合計額と，負債の部と純資産の部に記載された金額の合計額は一致するため，バランスシートと呼ばれます。

図表1-6　貸借対照表の例

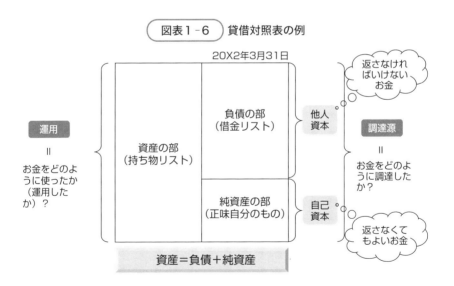

　左側の「資産の部」は，会社が保有する資産の持ち物リストです。右上にくる「負債の部」は，会社の借金リストです。通常は，資産が借金より多いので右下にスペースができ，この部分が差引き自分のものである「純資産の部」と

なります。つまり、「資産－負債＝純資産」ということになり、「資産＝負債＋純資産」という式が成り立つことが理解できると思います。まれに負債が資産より多くなってしまう会社もあります。債務超過の会社であり、倒産の危険信号です。このような場合であっても、純資産がマイナスとなることにより、「資産＝負債＋純資産」という式が成り立ちます。

　右上の「負債の部」は、銀行などから借りてきたお金のことなので、他人資本ともいいます。当然、将来的に返さなければいけないお金です。右下の「純資産の部」は、株主が会社に出したお金や過去に会社が稼ぎ出した利益のことなので、自己資本ともいいます。自己の資本ですから返さなくてもよいお金です。つまり、右側は「会社が事業を行ううえで必要なお金をどこから持ってきたのか？」を表しています。そして、左側の「資産の部」は、右側で調達してきたお金をどのように使ったかを表しています。

　次に、貸借対照表の右側と左側をそれぞれもう少し詳しく見ていきましょう。

（図表1‑7）　貸借対照表の左側

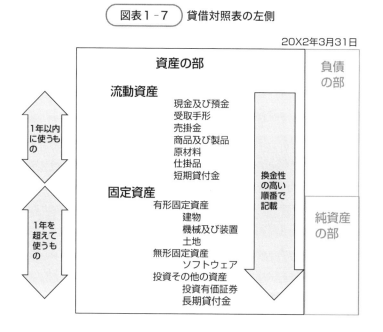

　左側の「資産の部」には，会社がどのような資産を持っているかが，資産の種類ごとにまとめられています。流動資産は主に1年以内に使うもので，固定資産は1年を超える長期間にわたって使うものが計上されます。

　流動資産には，保有しているお金である「現金及び預金」のほか，得意先に商品を売り上げて代金の回収待ちとなっている「売掛金」であるとか，「商品及び製品」，「仕掛品」，「原材料」といった棚卸資産があります。固定資産のうち，有形固定資産としては「土地」，「建物」，「機械及び装置」があり，無形固定資産としては「のれん」，「特許権」，「ソフトウェア」などがあります。また，固定資産には有形固定資産，無形固定資産以外に投資その他の資産として扱われる「投資有価証券」，「長期貸付金」などがあります。

　貸借対照表は，流動性の高いもの（現金化しやすいもの）から記載するというように，並べ方に一定のルールがあります。

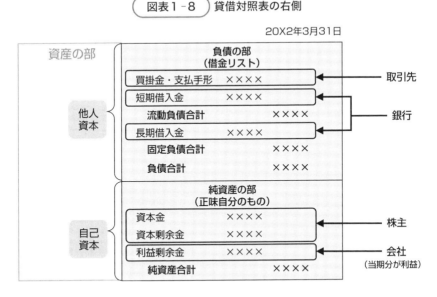

図表1-8　貸借対照表の右側

　貸借対照表の右側には，「資金をどうやって調達したか」が記載されていて，「負債の部」と「純資産の部」に分かれています。

　「負債」もまた，資産と同じように，1年以内に返済しなければならない「流

動負債」と１年以上返済の猶予がある「固定負債」とに分けられます。「流動
負債」に計上される「買掛金」・「支払手形」は，商品や材料の仕入先（取引先）
に仕入代金の支払いを猶予してもらっている金額です。つまり，取引先が資金
の調達先といえます。「短期借入金」や「長期借入金」の場合は，基本的に銀
行が調達先となります。

　「純資産の部」は，「資本金」，「資本剰余金」，「利益剰余金」という項目があ
ります。まず，「資本金」と「資本剰余金」はどちらも株主が出資してくれた
お金で，会社が事業を行うための元手です。といっても，設立時の元手がその
まま記載されている場合もあれば，事業を行ううちに，事業拡大を狙って追加
的に出資（増資）をすることもありますので，その場合は増資額も含まれます。
大きな会社であれば，設立当初の元手の金額とは異なることが一般的です。「利
益剰余金」は，過去も含めたP/Lの当期純利益が累積された金額で，先ほどの
元手から生み出した果実と考えられます。

　将来的に返さなければならないお金である負債と返さなくてもよいお金であ
る純資産を比較して，純資産の割合が高いほうが，会社としての安定性が高い
とされます。

⑤　P/LとB/Sの関係

　B/Sは，会社の決算日の一時点における状態を表現したものです。一方で，
P/Lは会社の１年間という幅を持った期間における活動状況を表現したもので
す。両者の関係は，ストックとフローの違いと表現されます。B/Sはストック
概念で作成されており，P/Lはフロー概念で作成されています。水道からバケ
ツに流れる水でたとえると，一定の時間に水道からバケツに流れる水の量がフ
ローであり，一定の時間が経過した結果，バケツにたまった水がストックです。

　P/L とB/Sの両者の関係でいうと，P/Lは，期首から期末においてB/Sが変
化した理由を説明しているといえます。図表１-９では，資本金と期首の利益
剰余金までのところが「期首の純資産」です。１年たってP/Lから当期の利益
が加わると「期末の純資産」となります。当期の利益は，利益剰余金となって
期末のB/Sの純資産を構成することになります。フローとしての利益が積み重
なって，ストックとしての資本を形成しているわけです。なお，より正確には，

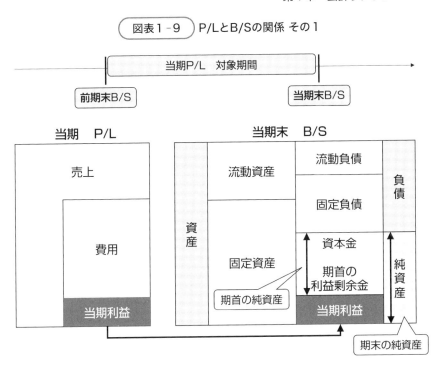

図表1-9　P/LとB/Sの関係 その1

利益剰余金のうち株主への配当として外部に支払われる金額も影響してきますが，ここでは省略します。

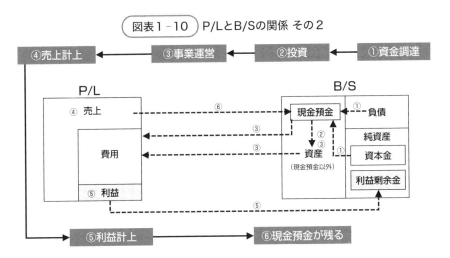

図表1-10　P/LとB/Sの関係 その2

事業のスタートからB/SとP/Lの関係を考えてみます。

まず，事業をスタートする際には資金が必要になりますので，①資金を調達します。このときに他人資本であれば負債，自己資本であれば資本金が増えて，現金預金も同額増えることになります。

次に，事業のために②投資をします。投資をするというのは，主にB/Sの固定資産にお金を使うということで，工場を建てたり新しい機械を買ったりといった設備投資を意味します。工場の建物や機械に投資することで資金はその分減って，新たに固定資産としての建物や機械が増えます。

次に，③投資した資産を利用して事業運営を行います。ここで事業運営とは，生産に必要な材料を購入したり，投資した設備を利用して製品の生産活動を行ったり，水道光熱費を支払ったり，また販売員を使って販売活動を行ったりするなど，投資以外に事業で資金を使うことを意味しています。

この投資と事業運営といった活動の結果として，P/L上で④売上を上げ，売上のために必要とした費用を計上します。そして，売上と費用の差引きで⑤利益を計算すると，その利益はB/Sの純資産に利益剰余金というかたちで積み上がることになります。

一方，⑥売上を上げたのちに回収された資金は，その分の資金の増加をもたらします。売上により回収された資金と投資と事業運営に支出した資金との差額は，資金の増加となり，当期末の現金預金の残高となります。資金を回収・支出するタイミングにもよりますが，長い目でみればこの資金の増加と利益は一致します。そして，この増加した資金は，再度投資や事業運営に使われていくことになります。

このような**資金の循環**を繰り返して会社が大きくなっていくわけですが，その過程における活動から生じる収益・費用・利益（経営成績）を表したものがP/Lであり，それらの活動の結果としての資産・負債・純資産（財政状態）を表したものがB/Sとなります。

現場で使えるTips　経営成績と財政状態

　「経営成績」と「財政状態」という言葉は，会計の専門用語となっていますので注意してください。普段は特に気にする必要はありませんが，会社が株主に向けて決算書の内容を説明するときなど，正しく固い表現が求められる場合には，**P/Lが表すものを「経営成績」，B/Sが表すものを「財政状態」**と表現することが適切です。

⑥　キャッシュフロー計算書

　キャッシュフロー計算書は，１年間の会社の資金の流れを示した表です。すでに紹介したように，P/L上の「利益」は収益と費用の差額です。収益として売上が計上されても，その売上が売掛金のままで代金の回収が行われないと，会社に資金は入ってきません。会社に資金が入ってこなかったとしても，会社は仕入や給料の支払いのために資金が必要となります。売掛金が回収できないままでいると，仕入や給料の支払いによっていずれ会社の資金が底をついて倒産してしまいます。売上も利益も問題なく上がっているのに会社が倒産するという，いわゆる黒字倒産ということが起きてしまいます。

　こうした会社をP/Lだけで確認していると，特に問題もないのに突然死を起こしたように感じてしまいます。このような事態を避けるために，2000年から上場企業に対してキャッシュフロー計算書の作成・開示が義務付けられ，会社にどのような理由で資金が入ってきて，どのような理由で資金が出ていき，どれだけの資金が残っているのかをわかるようにしました。

図表1-11　キャッシュフロー計算書の例

キャッシュフロー計算書 (自 20X1年4月1日 / 至 20X2年3月31日)

①**営業活動によるキャッシュフロー**

　　プラス要因：本業での資金の流入
　　　　　　　　（売掛金の回収など）
　　マイナス要因：本業での資金が流出
　　　　　　　　（買掛金の支払いなど）

②**投資活動によるキャッシュフロー**

　　プラス要因：設備や株式の売却
　　マイナス要因：設備や株式の購入

③**財務活動によるキャッシュフロー**

　　プラス要因：借入金での資金調達
　　マイナス要因：借入金の返済

④**キャッシュフローの合計（＝①＋②＋③）**
⑤**キャッシュの期首残高**
⑥**キャッシュの期末残高（＝④＋⑤）**

　キャッシュフロー計算書では，会社の活動を大きく3つに分けて，資金の流れ（キャッシュフロー）を把握します。本業である「営業活動によるキャッシュフロー」，事業拡大のための設備取得など「投資活動によるキャッシュフロー」，借入金による資金調達など「財務活動によるキャッシュフロー」です。期首のキャッシュ残高にこの活動区分別のキャッシュフローを加えて，期末のキャッシュ残高を表示します。

　P/Lでも，本業からの利益である営業利益や本業以外からの活動による利益も加えた経常利益など，活動の種類によって異なる利益を表しました。キャッシュフロー計算書でも，同じように活動の種類によって異なるキャッシュフローを表すことで，会社の活動を分解して分析できるようにしています。

（図表1-12）キャッシュフロー増減の評価

キャッシュフロー計算書	増加（＋）のときの評価	減少（－）のときの評価
①営業活動によるキャッシュフロー **プラスがよい**	資金に余裕が出るのでよい状況。設備投資や借入金の返済に資金を回すことができる。	資金が不足するので悪い状況。設備投資や借金の返済のために，追加の借入れや資産の売却が必要。
②投資活動によるキャッシュフロー **マイナスがよい**	基本的に悪い状況。資金繰り悪化のため資産を売却したのか，別のビジネス的な要因か判別が必要。	基本的によい状況。会社の存続や今後の成長のために，設備投資や株式の購入は必要。
③財務活動によるキャッシュフロー **用途や会社全体の 資金の流れによる**	借入金が増えていることのみで悪いとはいえない。会社が積極的な投資を行っているのか，運転資金調達のためかなど，用途の判別が必要。	借入金が減っていることのみでいいとはいえない。資金余裕による返済か投資を断念し資産を売却しての返済かなど，全体資金の流れでの判別が必要。

　「営業活動によるキャッシュフロー」がプラスとなっているときは，本業から資金を獲得することができているため，よい状況であるといえます。逆にマイナスの場合は，本業で資金が不足している状況なので，悪い状況です。また，「投資活動によるキャッシュフロー」では，継続的に投資活動を行うことが会社の成長にとって必要ですので，マイナスとなっていることがよい状況だとされています。なお，「財務活動によるキャッシュフロー」は，一概にプラスがよいのかマイナスがよいのかをいうのは難しいです。調達資金の用途や返済資金の原資がどこから来ているのかといった要素を見ることが必要となります。

　これら3つのキャッシュフローの組み合わせでどのような状態となっているのがいいのかを図表1-13にまとめます。

図表1-13 キャッシュフロー増減の全体評価

	①	②	③	④	⑤	⑥	⑦
営業C/F	+	+	+	+	−	−	−
投資C/F	−	−	+	+	−	+	0
財務C/F	−	+	−	+	+/−	+/−	−

いい ← → 悪い

　表の①が，最も理想的な状態です。「本業で資金を獲得し，その本業で得た資金を設備投資や借金の返済に回すことができている会社」になっています。そして，⑦は，最も危険な状態です。「本業でも出ていくお金のほうが大きく，追加投資ももちろんできず，売却可能な資産もなく，銀行への借入金の返済を余儀なくされている会社」です。⑦は，手許の資金がなくなって借金の返済ができなくなった段階で倒産ということになります。

　②～⑥には，その中間段階にある会社が示されています。基本的な考え方は，「何よりも営業キャッシュフローがプラスであることが重要」，「その次に投資に資金を回せていることが重要」というものです。「何よりも営業キャッシュフローがプラスであることが重要」ですので，①～④の評価と⑤～⑦の評価の間には大きな壁があると考えてよいと思います。こうした各活動区分のプラス・マイナスの状況を見ることにより，大まかな会社の状態を把握することができます。

現場で使えるTips　キャッシュフロー計算書による分析

　キャッシュフロー計算書を使って会社の分析をするには，上記で説明した各「活動区分のプラス・マイナス」の状況から分析する方法のほかにも，それぞれの**「活動区分の金額の大きさ」で分析する**方法があります。まずは，

「プラス・マイナス」から大まかな状況を把握し，次に「活動区分の金額の大きさ」から詳細な状況を見ていくようにしましょう。

　なお，分析にあたっては，キャッシュフローは**期末日の活動の影響を受けやすい**という点に留意しておく必要があります。例えば，決算日の3月31日に銀行が休みとなって売掛金の回収が翌月に持ち越した場合，休みでなかった日と比べて営業活動によるキャッシュフローが非常に小さくなります。このため，単年度だけで会社の状況を分析すると判断を誤る可能性があります。キャッシュフローでは，なるべく長期的な趨勢を確認しながら分析を行ったほうがよいです。

⑦　基本3表の利用と指標分析

　以上，損益計算書，貸借対照表，キャッシュフロー計算書を見てきました。基本3表は，分析の目的に応じて使い分けていくことが必要です。目的には，取引先候補との取引開始にあたって相手先の安全性を知ることや，新たな投資先を検討する際に収益性や成長性を知ることなど，いろいろなものが考えられます。財務諸表のどこを見たら何が載っているのかを理解しておくことで，こうしたさまざまな目的に応じた素早い対応を行うことが可能となります。財務諸表の基礎的な理解が会計リテラシーにおいて重要となる理由です。

　また，会社がおおよそどのような状態にあるかは，基本3表の記載項目を使った指標分析で見ていくことが可能です。代表的な切り口として，収益性や成長性，安全性，効率性，生産性といった分析が可能です。図表1-14に，それぞれの切り口においてよく使われる指標を簡単に紹介します。こうした指標も分析の目的に応じて，必要となる項目を確認するようにします。

図表1-14 財務諸表分析の各種指標

切り口	見るべきポイント	指標
収益性	会社の儲けを出す力を見る	・売上高営業利益率＝営業利益÷売上高 ・総資産利益率（ROA）＝当期純利益÷総資産（平均） ・自己資本利益率（ROE）＝当期純利益÷自己資本（平均）　など
成長性	会社の成長のスピードや潜在力を見る	・売上高の伸び率 ・営業利益の伸び率 ・従業員数の伸び率 ・研究開発費売上高比率＝研究開発費÷売上高　など
安全性	会社が倒産せずに継続する力を見る	・流動比率＝流動資産÷流動負債 　※100％を下回ると危険 ・自己資本比率＝自己資本÷総資産 　※50％を超えていることが1つの目安　など
効率性	会社の資金を効率的に使う力を見る	・売上債権回転月数＝売上債権残高（平均）÷月平均売上高 ・棚卸資産回転月数＝棚卸資産残高（平均）÷月平均売上高 ・仕入債務回転月数＝仕入債務残高（平均）÷月平均売上高　など
生産性	会社の投入リソースに対する価値創出力を見る	・従業員1人当たり売上高＝売上高÷従業員数　など

（2）財務諸表が作成される仕組みの理解

　これまで見てきたとおり，財務諸表を確認することによって，会社に関する多くの情報を得ることができます。ただ，作成された結果としての財務諸表の数字にだけとらわれていると，表面的な理解で終わってしまいます。

　その数字が作られる過程やその数字が表そうとしている対象を正しく理解することで，同じ財務諸表の数字を見た場合であっても，解釈に深みが増して，会社の経営実態や課題をよりはっきりと把握することができるようになります。ここでは，それら財務諸表の解釈に影響を与えるいくつかのポイントを「財務

諸表が作成される仕組み」として紹介します。

①　会計処理の理解

　財務諸表を見る際に，それが財務諸表上の数字となって表れるまでの処理を知っておくことは有用です。ここでは，財務諸表を読み解くうえで知っておくべき最低限の会計処理として，「在庫の処理」と「固定資産の減価償却」を紹介します。

（ⅰ）　在庫の処理

図表1-15　商品と売上原価

商品を100で仕入れて，半分の50を販売したケース

　まず，在庫についてですが，商品販売でいうと，仕入れた商品はその仕入れた金額が全額そのまま費用となるのではありません。いったん，保有在庫を意味する「棚卸資産」になると考えます。このうち，**売れた分だけがP/L上で売上原価として費用計上され，売れずに在庫として残ったものは，そのまま「棚卸資産」としてB/Sの資産に計上**されます。

　なぜ，このような処理をするのかというと，「売上高が計上されたときに，それに対応する分の費用を計上する」というのが会計上の大原則になっているからです。このような処理が行われるため，売上原価は，商品仕入という活動の影響を直接受けるのではなく，あくまでその後に販売した商品に対応して，その仕入金額相当額を示すことになります。

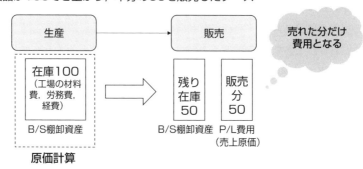

図表1-16　製品と売上原価

製品が100でき上がり，半分の50を販売したケース

このことは，工場で製品を作った場合も同様です。材料を購入したり，工場での作業員の給料を支払ったり，工場の水道代や電気代など生産に要した費用は，そのまま全額が費用としてP/Lに計上されるわけではありません。それらの費用は，いったんすべて集計されて，保有在庫である「棚卸資産」になると考えます。そして，売れた分だけがP/Lに売上原価として計上されます。この売れた分だけ費用とするという取扱いは，商品と変わるところはありません。

　製品が商品と異なり注意が必要なのは，商品は，会社の外部から購入することでその商品の代価金額が明確なのに対して，製品は会社の内部での生産活動の結果として生まれるものであることから，その代価金額がすぐにはわからず，別途計算する必要があるということです。この製品の金額を算定するための手続き，つまり「生産にかかったすべての費用を集計して，その費用を在庫に割り当てるまでの一連の手続き」のことを会計上，原価計算といいます。製品の金額を算定するには原価計算が必要です。製品の金額を算出した後に，「売れた分だけ費用計上する」という点は，商品と取扱いは同じです。原価計算の方法次第で，売上原価の金額は変わってくることになります。

（ⅱ）固定資産の減価償却
　建物や機械設備といった固定資産が費用となる過程を見ていきます。事務用品の支払いなどの低額の経費支出とは異なり，建物や機械装置といった高額な

投資は，投資額の全額がその期の費用となることはなく，いったん全額がB/S
に固定資産として計上されます。**固定資産として計上されたものは，減価償却
手続きという会計的な処理を通して，その固定資産が使用される予定の複数年
にわたって徐々に費用が計上される**ことになります。これは，投資の効果が固
定資産を使用する期間にわたって得られると考えるためです。

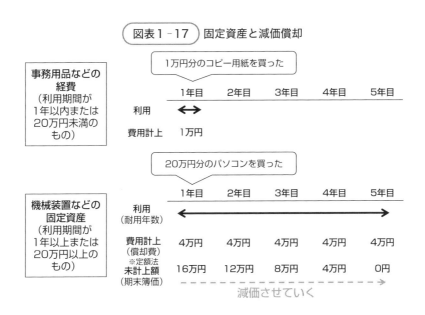

図表1-17　固定資産と減価償却

　減価償却費は，取得した固定資産の種類に応じて，利用を想定する期間とし
ての耐用年数を定め，その耐用年数にかけて計算していきます。この毎年の償
却費の計算方法としては，大きく2つの方法があります。毎期一定の金額を償
却費として算定する「定額法」と，毎期まだ償却せずに残っている金額に一定
の割合をかけることにより償却費を算定する「定率法」です。
　耐用年数や償却方法は，会社で決めることになるのですが，会社で勝手に変
更することができると，減価償却費を変更することで利益を操作することがで
きるので，会社で勝手に変更することは認められていません。実務上は，固定
資産の種類に応じて，法人税法の規定による耐用年数や償却方法を採用し，減
価償却費を計算している会社がほとんどです。この減価償却費の計算があるこ

とにより，会社は多額の投資を行ったとしても，投資額がその取得時に一気に費用処理されることはなく，減価償却費の分だけ分割して費用計上していくことになります。

　ただし，当然ながら多額の投資を行えば，その分資金は出ていきますから，会社の資金繰りは一気に悪くなることになります。このようにP/L上の損益と資金の動きは異なることがあるため，これらの違いをより深く知るためには，すでに説明したキャッシュフロー計算書を併せて確認することが有用です。

図表1‐18　生産数量と変動費・固定費の関係

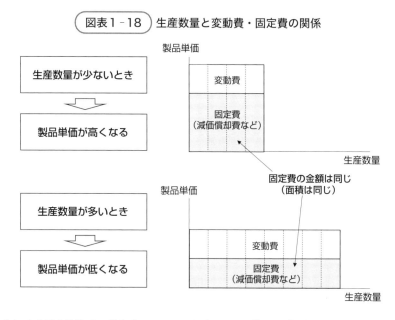

　先ほど原価計算は，「生産にかかったすべての費用を集計して，いったん在庫に割り当てる」と紹介しました。取得した固定資産が工場の機械設備など生産のために使用される資産である場合は，それら資産の減価償却費もこの原価計算の費用集計の対象となり，在庫に割り当てられることになります。減価償却費は，生産数量の変化にかかわらず，年間で決まった金額が発生する固定費です。このため，製品を多く作って年間の生産数量が増えることになれば，製品1つ当たりに割り当てられる減価償却費は小さくなります。逆に，年間の生産数量が減ると，製品1つ当たりの減価償却費は大きくなります。

　減価償却費は，固定費の代表的なものです。減価償却費以外にも生産に関わる人件費や経費に，減価償却費と同じく固定費として作用する費用があります。会社が勝手に年間の減価償却費を操作することは認められていませんが，製品をどれだけ作るかは会社の自由な判断です。このため，売上高が変わらなかったとしても，製品を大量に作ると製品1つ当たりの固定費が小さくなることで製品1つ当たりの製造コストは下がり，売上原価は小さくなります。

　逆に，生産にかかったすべての費用を集計した内訳が，材料費のように生産数量が増えるとその分費用も増加するような変動費が大半であれば，製品1つ当たりの固定費の変化は小さくなります。製品の需要拡大を見越して生産数量を増やすのではなく，売上原価を小さくするという意図を持って生産数量を増やし，売上原価を小さくすることは可能です。しかしながら，販売の見込みが立たないほど作っては，結局損失を招いてしまうため，長く採用できる方法ではありません。

②　財務諸表が表す対象の理解

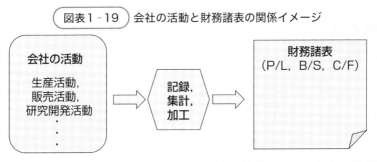

図表1-19　会社の活動と財務諸表の関係イメージ

　会社はその会社の事業目的に応じてさまざまな活動をしています。製造業であれば，製品を作る生産活動を行い，その作った製品を売る販売活動があります。さらに，製品を作る前段階として，新しく世に送り出していく製品を企画・開発するための研究開発活動があります。これら生産・販売・研究開発といった各活動は，その中身を見ていくと，さらにより詳細・具体的な活動により成り立っています。生産活動であれば，工場内の倉庫での原料運搬作業や生産工程での設備稼働作業などがあります。販売活動であれば，得意先での商談や物

流倉庫での製品の受払い，得意先への納品などがあります。

　こうした日々発生する会社のさまざまな活動のうち，重要な活動を記録し集約した結果として財務諸表が作られています。こうした関係から「財務諸表は会社の活動を映し出す鏡」だと表現されることがあります。**会社のさまざまな活動を直接的に見て把握することは限界があるので，この鏡としての財務諸表を見ることにより会社の活動を把握する**わけです。まず出発点として会社の活動があり，それが記録・集約されて最終的に財務諸表に表現されているのだ，という大枠のイメージを理解しておくことが大切です。このような理解ができていないと，財務諸表を見ても表面的な理解で終わることになります。会社の活動を踏まえて財務諸表を見ていくことにより，同じ数字を見ても正しく意味を把握することができるようになります。

③　会社の活動とコスト構造の理解

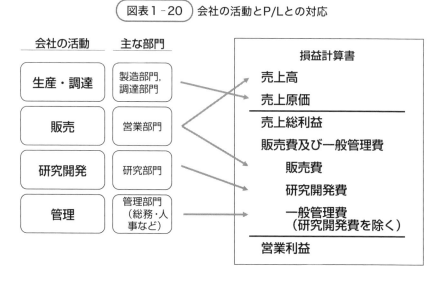

図表1-20　会社の活動とP/Lとの対応

　会社の活動を踏まえた財務諸表分析の基本として，P/Lの分析を紹介します。ここでは，会社の活動が，P/L上でどのような収益・費用の項目で表されているのかを理解することが重要となります。

　会社の活動は，大きく生産活動・販売活動・研究開発活動・管理活動に分けられますが，それぞれの活動がP/Lのどの項目に影響を与えるのかは決まっています。販売活動で生じた収益は売上高となるのは当然のこととして，生産・調達活動で生じた費用は，P/L上では売上原価へ，販売活動で生じた費用は販売費へ，研究開発活動で生じた費用は販売費及び一般管理費の研究開発費へ，総務部門や経理部門など管理活動で生じた費用は，一般管理費に計上されることになります。こうして，各活動の属する収益と費用の項目を理解したうえで，それぞれの項目がどのようなバランスとなっているか，そして，そのバランスがどのように変化していくのかを確認することが重要な視点となってきます。

図表1-21　業種別の損益計算の構成

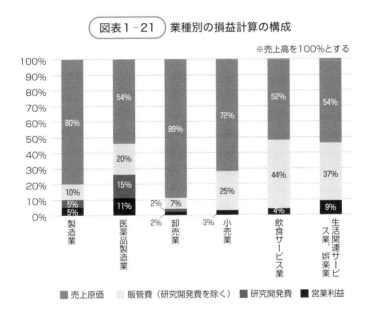

出典：経済産業省「2019年企業活動基本調査確報」より筆者作成

　各活動のコスト構造のバランスは，その会社の属する業種や業態により，ある程度決まってきます。業種や業態で必要な活動が似通ってくるためです。経済産業省が公表している「2019年企業活動基本調査確報」（全国の会社のうち従業者50人以上かつ資本金または出資金3,000万円以上の会社約4万社を対象とした調査）から，いくつかの業種・業態におけるコスト構造を紹介します。

なお，数字はすべて売上高を100%として各項目の割合を示しています。また，ここでは販売活動と管理活動は区別されずに「販売費及び一般管理費」として一括して記載されています。

　この経済産業省のデータを見てみると，「製造業」では，生産と調達活動からくる売上原価は80%，販売費及び一般管理費で10%，研究開発費で5%，そして営業利益が5%となっています。一方で，「卸売業」では，商品の調達活動からくる売上原価は89%と「製造業」と比べ高くなっています。販売費及び一般管理費は7%と「製造業」と大きな差はないものの，研究開発費は2%，そして営業利益も2%となっており「製造業」と比べて低くなっています。「小売業」も「製造業」と比較してみます。「小売業」では，商品の調達活動からくる売上原価は72%と「製造業」よりも低くなっています。販売費及び一般管理費は相当高くなっており25%，研究開発費はほとんど発生せず1%以下，そして利益水準も「卸売業」よりは大きいものの「製造業」よりは小さい3%となっています。

　このデータから特徴的な部分を挙げると，「製造業」では，生産・調達活動，研究開発活動により多くのコストが発生していることがわかります。これが「卸売業」となると，調達活動と販売活動によって会社のほとんどのコストが説明できます。「卸売業」の研究開発活動は「製造業」に比べると重視されていないことがわかります。調達活動からくる売上原価の割合の大きさと利益の割合の薄さから，薄利多売の構造となっていることが推察されます。「小売業」も同様に，調達活動と販売活動でほとんどのコストが説明できます。研究開発活動は「製造業」ほど重視されていません。「小売業」の売上原価と利益の割合を見ると，販売活動により多くの経営資源を投入している分，「卸売業」ほど薄利多売というわけではないことがわかります。

　また，同じ製造業でも属する業種が異なると，その構造も異なってくることを確認しましょう。医薬品製造業は，特にその構造が特徴的であることで有名です。医薬品製造業では，まず売上原価は54%と製造業全体の平均と比較すると相当低いです。そして研究開発費も15%と，製造業全体と比較して3倍もの割合となっています。利益も12%と相当高い水準となっています。

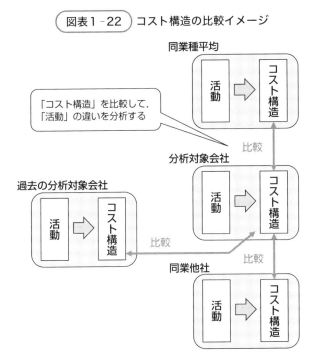

図表1-22　コスト構造の比較イメージ

　データから業種・業態での平均的コスト構造を見てきました。業種・業態によってある程度コスト構造が決まってくることが確認できたと思います。分析対象となる会社のコスト構造を確認するときには，会社の活動から想定されるコスト構造に対して，業界平均と比較することにより，それらの間の違いを確認していくことが重要となります。なぜなら，その違いの部分に，各社の経営戦略に基づく事業活動の違いが表れてくるからです。

　自社と同業種の会社平均との比較を例に少し詳しく見ていきます。自社の基本的なコスト構造は同業種平均と似通ったものとなります。しかし，会社にはその会社独自の考えや経営戦略があり，生産活動・販売活動・研究開発活動・管理活動のうちどの領域に対して積極的・継続的に投資を行いその会社の強みとしていくか，それともどの領域の投資を控えておくかといった考え方は異なってきます。そして，それらの考え方が実行に移されていくと，長期的にははっきりと同業種平均とのコスト構造の差として表れてくるようになります。例

えば，生産・調達領域で他社よりも強力にコスト削減努力を推し進めて低コストでの運営を可能とする体質を実現するとか，あるいは自社で設備能力やノウハウを抱えることをやめて，外部に委託することを決めるなどです。こういった**経営判断と活動の積み重ねがコスト構造に影響を与える**ことになります。このため，**こうした違いを数字で確認し，その違いが各社のどういった経営判断，どういった活動に基づいて生じているのかを想像して仮説を立てていくことが分析において重要**となります。

これは，同業種平均との比較だけではなく，同業他社と比較したり，あるいはその会社の過去のコスト構造と比較する場合も同じです。また，自社ではなく他社を分析対象とする場合も考え方は同じです。特に他社を分析の対象とする際は，使える情報も限られていますので，財務諸表だけではなく財務諸表以外の情報も動員して，想像力を膨らませて仮説を立てることが重要となります。

現場で使えるTips 業種・業態のコスト構造はあくまで目安

ご紹介したような業種・業態での平均的コスト構造は，すべてを覚えておく必要はないものの，自分が関係しそうな業種や業態は覚えてしまうか，または必要なときに参照できるようにしておくとよいと思います。そして，いざ分析対象となる会社のコスト構造を確認することとなったときは，この業種・業態で平均されたコスト構造を1つの目安として比較するようにします。このとき注意しておくべきなのは，**同業種平均は1つの目安であって，それが正解というわけではない**ということです。あくまで正解となるのは，その分析対象となる会社の活動から導き出されるコスト構造となります。

④　会社の活動と勘定科目の理解

また，会社の活動をイメージして財務諸表を見ることで，財務諸表の勘定科目の解釈も深くなります。

図表1-23　勘定科目の解釈

A社

前期

A社　P/L	
売上高	100
売上原価	80
研究開発費	20
営業利益	0

売上原価を10削減 →

当期

A社　P/L	
売上高	100
売上原価	70
研究開発費	20
営業利益	10

B社

前期

B社　P/L	
売上高	100
売上原価	80
研究開発費	20
営業利益	0

研究開発費を10削減 →

当期

B社　P/L	
売上高	100
売上原価	80
研究開発費	10
営業利益	10

例えば，図表1-23に示すような製造業2社（A社・B社）を考えてみます。スタート地点はまったく同じコスト構造と金額で，営業利益はゼロとなっています。両社は翌期に，それぞれ同じ金額の利益を出すことができるようになりました。両社の違いはどこにあるでしょうか？　将来的にも利益が期待できる会社はどちらでしょうか？

このケースだと，A社のほうが将来的に，より利益が期待できる会社といえます。両社とも売上高に変化はなく，費用を削減することにより利益を出した点は同様です。しかし，A社においては，売上原価が削減されている一方，B社においては，研究開発費が削減されています。同額の費用が削減されているという点で両者は同じですが，勘定科目から両者の活動は異なることがわかります。性質的に大きく変化させることが難しい売上原価に影響を与えるようなコスト削減活動を行ったと想定されるA社と，将来の利益を生み出す可能性のある研究開発活動のコストを単純に削ったと想定されるB社では，A社のほうが今後も安定して利益を生み出していくことができると考えられます。

こうした違いは，勘定科目から想定される活動によって決まります。少し難

しい表現となりますが，「事業運営活動など短期的な効果を狙ったコスト（短期コスト）」か，それとも「投資や事業基盤構築活動など長期的な効果を狙ったコスト（長期コスト）」なのかで考えることができます。これらは個々の会社によって異なるので断定することは難しいですが，売上原価は，比較的，短期コストとして考えることができ，研究開発費は基本的に長期コストです。設備に関する費用や事業との直接的な結びつきが弱い費用の多くも長期コストです。長期コストは，会社の利益が悪化したり手持ちの資金が不十分であると，削減や延期，中止がなされることが多いです。

　事例で示した分析は，非常に単純なものではありますが，単に売上や費用がいくらで利益がいくらであったのかというように財務諸表に記載されている数字のみを見ていては，こうした分析はできません。**財務諸表の各勘定科目から会社の活動をイメージする**ことにより，数字に意味を与えることができるようになります。

現場で使える**Tips**　サンクコスト

　設備投資のように投資を実行することで将来も含めたコストの総額が確定してしまって，**その後の意思決定では変えようがないような費用**をサンクコスト（埋没費用）と呼びます。このような費用は，活動の縮小や中止によっても将来発生する費用を変化させることができない費用ですので，分析する場合には注意が必要です。

（3）ビジネスで把握しておくべき数字

　以上で，財務諸表を読みこなすうえで理解しておくべき基礎的な事項は説明しました。こうした理解があれば，知識のうえでは十分に基本的な分析は可能であると考えます。しかし，実務において要求されることは，ただ単に分析ができることだけではありません。**分析を素早く効率的に実施することが求められます**。ここでは，そのために意識しておくべき事項を説明します。

①　覚えておくべき数字

　分析を素早く行うためには，金額や割合など数字を覚えてしまうのが，最も効果的です。何か他の数字と比較する際に，いちいち資料を引っ張り出してきて確認する必要はなく，頭の中で比較できます。会議や打ち合わせでも，人から資料を見せられた瞬間に分析を行うことができます。このため，**普段から使用頻度が高いと考えられる数字は覚えておくべきです**。

　ただ，人の記憶力には限界がありますし，何より覚える作業はつらいので，覚える対象はなるべく減らしておきたいものです。そこで効果的なのは，「分析の基準となるなど使用頻度が高く，かつ，短期的にも大きく変わらない数字」に狙いを定めることです。ここでは**最低限押さえておくべき数字として，「概算P/L」と「経営者が意識する数字」**の2つを紹介します。

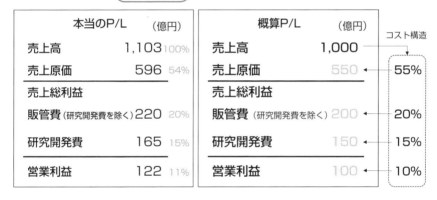

図表1 - 24　概算P/Lと覚えるべき数字

本当のP/L	（億円）		概算P/L	（億円）	コスト構造
売上高	1,103 100%		売上高	1,000	
売上原価	596 54%		売上原価	550	55%
売上総利益			売上総利益		
販管費（研究開発費を除く）	220 20%		販管費（研究開発費を除く）	200	20%
研究開発費	165 15%		研究開発費	150	15%
営業利益	122 11%		営業利益	100	10%

　1つ目の，「概算P/L」ですが，これは頭の中で分析対象となる会社の概算P/L（営業利益まで）を作れるようにしておく，ということです。通常，自分の会社の数字を基準として考えていくことが多いので，自社の概算P/L（営業利益まで）を作れるようにしておくと考えればよいでしょう。概算P/Lを作れるようにするために，「売上高」と「コスト構造の割合」を覚える対象にします。

　まず，会社の売上高を概数で押さえます。端数となる細かい数字は不要です。例えば，会社の売上高が「110,384百万円」とあれば，1,100億円とか1,000億円という感じです。そして次に「コスト構造の割合」です。概算P/Lを作るため

には，売上原価や販売費及び一般管理費，研究開発費，営業利益といった項目が必要になります。ポイントとしては，これらの項目のP/Lに記載された金額をそのまま覚えるのではなく，これらの項目と売上高の割合である「コスト構造の割合」を覚える対象とすることです。売上高の金額にこの割合を掛けることで，各項目を概算するのです。例えば，分析対象となる会社の本当のP/Lが，図表1-24の左のとおりだったとしましょう。売上原価や販売費及び一般管理費（研究開発費を除く），研究開発費，営業利益の割合は，それぞれ54%，20%，15%，11%です。このままでは覚えにくいので55%，20%，15%，10%とキリのよい数字にして覚えるようにします。

　数字を覚える際は，正確性や厳密性は捨てましょう。正確な数字は，後で調べれば得ることができます。多少間違っていても，おおよその数字をいつでも瞬時に作れるかどうかが重要です。

現場で使える**Tips**　実践すると見えてくるもの

　覚えた後は，どんどん実際に使ってみることが必要です。会議や打ち合わせで関連しそうな数字が話題に上れば，自分の概算とおおむね整合するかどうか確認するようにします。また，P/Lに大きく影響しそうな活動が話題に上れば金額感をイメージするようにします。例えば，会社の「ある月の製造原価が〇億円」という話があれば，「1か月当たり売上原価＝年間の売上原価（年間売上高×売上原価割合50%）÷12か月」と計算して，自分の概算と話題となっている数字がおおむね整合するかどうかを確認します。

　経験上でいうと，おおよその金額さえ出せれば十分に使えます。「正確に知らないから計算しない」という態度では，日々数字が通り過ぎていくだけです。都度，このような計算をしていると，他人の数字の誤りや自分の認識の誤りに気付くようになります。それだけでなく，金額的な感覚が養われるようになります。さらには，普段から数字の根拠をもって話している人と，そうではないいい加減に話をしている人との違いがわかるように

なります。

　もう1つ覚えておくべき数字は，「経営者が意識する数字」です。経営者が意識する数字とは何でしょうか？　いろいろなものが考えられますが，一般的なものでは，経営計画で目標として掲げられている経営目標数値やKPI（Key Performance Indicator：重要経営指標）です。経営目標に売上高や営業利益が採用されていれば，概算P/Lから直接算出できるので新たな項目を覚える必要はありません。総資産利益率（ROA）など概算P/Lから直接算出できない数字が経営目標とされていれば，なるべく概算P/Lと関連付けをしつつ，経営目標数値も追加で覚えるようにしましょう。

　なぜ，これらを覚えておくべきかというと，何かの拍子に問われる可能性が高いからです。たとえ経営目標やKPIが，会議や打ち合わせのメインテーマでなかったとしても，そういった数値に与える影響を問われることがあります。経営目標やKPIを把握しておいたうえで，関連性が高い数字を扱うことがあれば，それに与える影響を試算できるように準備しておくことが望ましいです。

　使用頻度が高く，使い勝手があるため覚えておくとよい数字は他にもあります。主なものとしては，会社が属する業界の市場規模，会社の従業員数（総人数と活動領域別の人数），会社が取り扱う商品・製品の販売数量や生産数量などがあります。ただし，あまり手を拡げすぎても覚えるのに苦労する割には使いこなせませんので，最低限の数字から始めるとよいでしょう。

②　重要性という感覚

　会計数値の分析を効率的に実施するためには，適切なセンサーを持っていることが有用です。ここでいうセンサーとは，数字を見て異常がある場合には反応し，数字に異常がない場合にはスルーするという基準を持っておくことです。これは，**何が重要で何が重要ではないかという重要性の感覚を持つ**ことと同じです。この重要性の感覚は，数字を見る目的によって変化させることが必要です。大まかに会社の活動状況を把握することを目的とするのならセンサーの感度は下げる，逆にちょっとした違いでも気が付くような詳しい調査・分析を目

的とするならセンサーの感度は上げる，といった具合です。

　このように目的によってセンサーの感度を変えていくことが必要となるため，財務諸表を見るすべてのケースに当てはまるような数値基準を示すことは困難です。ただし，目安として使える数字は世の中にいくつかあります。例えば，上場会社は毎期決算書を開示していますが，併せて次期の業績予想も行っています。この業績予想の開示後に，財務諸表の数値が相当乖離して投資家の判断に重要な影響を及ぼすと考えられる場合には，業績予想の修正を行うことになっています。この修正を行う際の基準値が，「売上高で±10%，利益で±30%以上の乖離がある場合」とされています。売上高，利益が当初の想定よりもこの基準値を超えて動くようなら，投資家の判断に影響を与える可能性が高いため，改めて予想の修正を行うということです。

　この基準値は，大まかに会社の活動状況を分析する際のセンサー感度の目安として使えます。自分が会社の分析をする際に会社の売上高や費用の予測情報が入手できており，実際の数字が予測と大きく乖離して売上高で±10%以上，利益で±30%以上の乖離が生じているなら，立ち止まってその乖離が生じた理由を考えるのは普通の感覚といってよいと思います。もちろん，この基準は管理がしっかりしている上場会社向けの基準ですので，管理が不十分で業績予想を十分な精度で作成できないような会社とか，業績がまだ安定していないような会社にそのまま適用することはできませんので注意してください。

（4）財務会計と管理会計の関係

　これまで財務諸表の分析において必要となる基礎的な理解を説明してきました。ポイントを以下にまとめます。

【財務諸表の分析のポイント】
- 財務諸表とは何なのか，その記載項目の意味について理解する。
- 基本的な会計処理を理解する。
- 会社の活動と財務諸表は表裏の関係でつながっていることを理解する。

- 会社の活動を意識しながら，構造的に考え，勘定科目の意味を解釈することを理解する。
- 基準となるような最低限の数字は覚える。
- 分析の目的に応じて重要性の感覚を調節する。

　これらのポイントは，実務で財務諸表の分析を実施する際には常に重要となってきます。一方で，多くの管理職が直面する実務を考えると，「業務において財務諸表を見ない」という人も多いのではないかと思います。「財務諸表の分析は経理部か経営企画部に所属する人が行うことで，自分が所属している部署では行わない」ということも，よくあるケースだと思います。こうした人にとっては，これまで紹介してきた財務諸表の分析のポイントは，業務の役に立たないと思われるかもしれません。

　もちろん，そのようなことはありません。**管理職が，業務で会社の活動を数字で捉えて活用していく際には，財務諸表の分析のポイントとほぼ同じことを意識する必要があります**。これは，両者が「会社の活動を数字で捉える」という点において，本質的に同じであるためです。会社の活動を数字で捉えるということは，会計の基本機能です。財務諸表の分析で見る数字と，管理職が会社の内部で扱う数字，両者とも会計の話という点で同じであり，意識しておくべきポイントも同じものになります。

　しかし，まったく同じというわけではありません。両者の違いを理解するためには，それぞれの扱っている会計領域の性質の違いを理解する必要があります。

①　管理会計とは

図表1-25　財務会計と管理会計の比較

	財務会計	管理会計
目的	外部の利害関係者の説明	内部の（経営管理のための）情報提供

利用者	外部の利害関係者 (株主, 債権者, 税務機関など)	経営者や管理者
作成根拠	会社法, 金融商品取引法	根拠法令や基準はない
報告内容・ 報告様式	財務諸表 (記載様式が決まっている)	目的に応じて自由に記載※ (定まった報告様式はない) ※予算管理, 原価管理, 事業別損益など

　会計は, その目的の違いから一般的に「財務会計」と「管理会計」の2つの領域に分けられます。「財務会計」は, 会計に関するさまざまな法令や基準に従って財務諸表を作成する外部の利害者向けの会計のことであり, すでに紹介してきた財務諸表の分析は財務会計を前提としています。一方,「管理会計」は, 会社の内部において経営者や管理者に対する情報提供を目的とする会計のことをいいます。「管理会計」は, その内容を明確に定める法令や基準はなく, 会社が自由に設計することができます。予算管理や原価管理, 事業別損益などが管理会計の代表的なテーマの例で, こうした情報を経営に活かすための仕組みが社内で構築されているのが通常です。多くの管理職が直面する会計領域は, この「管理会計」だといえます。

　財務諸表の分析のポイントを踏まえつつ,「管理会計」での分析のポイントを考えます。財務諸表の代わりに管理会計での数値が記載されることになる報告書類(レポート)を扱うと考えた場合に, 分析のポイントは以下のようになります。

【管理会計の分析のポイント】
- レポート作成の目的は何なのか, レポートの記載対象や記載項目について理解する。
- 基本的なレポート作成手続きを理解する。
- 会社の活動とレポートは表裏の関係でつながっていることを理解する。
- 会社の活動を意識しながら, 構造的に考え, 記載項目の意味を解釈すべきことを理解する。

- 基準となるような最低限の数字は覚える。
- 分析の目的に応じて重要性の感覚を調節する。

これらは，財務諸表を分析する際のポイントとほとんど同じです。財務諸表の分析で意識したことを駆使することにより，管理会計上のレポートをほとんど同じように分析することは可能です。ただし，まったく同じではありませんので，以下ではその違いに着目して，管理会計で特に意識しておくべき点を補足して説明します。

② 目的により記載対象や記載項目が変わる

図表1-26　管理会計で扱うテーマの例

領域		予算管理	業績評価	その他意思決定支援
全社と部門		経営計画，全社予算と部門予算，利益計画	経営目標と達成率，KPI，事業別損益，拠点別損益	設備投資計画，損益分岐点分析
固有領域	販売領域	販売計画，営業費予算	販売効率指標，採算性管理，セグメント・チャネル別損益	与信管理，回収管理
	生産・調達領域	生産計画，生産予算，原価差額管理	生産効率指標，工場別損益	原価管理，支払管理，設備投資の採算性
	研究開発領域	開発計画，開発予算	開発効率指標，採算性検証	採算性管理

財務会計で記載すべき内容は，法令や基準といった，いわば画一的なルールで定められていますが，管理会計は目的に応じて自由にレポートの記載対象や記載項目を変えることができます。管理会計の目的は，予算管理，業績評価，意思決定支援などがありますが，基本的にはそれぞれの目的に合わせた形でレポートが作られます。

しかし，レポートを見てもそういった目的は明示されていないことが多いです。このため，**管理職が管理会計領域でのレポートを取り扱う際は，自分の目的と取り扱うレポートの作成目的が一致するかを確認する**ことが必要です。「予

算管理」を行いたいのに，別の目的である「業績評価」用レポートを使っても
目的が達成できないことがあります。

　確認すべき点はそれだけではありません。管理会計の多くはその目的に応じ
て，会社の一部の活動にのみフォーカスを当ててレポートを作ることがありま
す。例えば，販売計画の作成をとってみても，全社で作る場合もあれば，本社
や支社，営業所などの拠点に分けて作る場合もあります。そして，それぞれの
拠点は，その内部においても複数の管理部署やグループ，さらには販売員個人
といった，より詳細な組織単位に分かれて，その単位ごとに販売計画を作るこ
とがあります。また，販売計画は組織別に分解されるだけではありません。別
の観点から，例えば，製品の品目グループや品目ごとに販売計画を作成したり，
得意先グループや得意先ごとに販売計画を作成することもあります。

　このように同じ販売計画でも，その記載対象や記載項目はさまざまなものが
あるので，管理職は，レポートを利用するにあたってはその記載対象や記載項
目に注意を払い，そのレポートが自分の目的を達成するのに十分なものか確認
する必要があります。

③　レポートの背後にある作成手続きを理解する

　管理会計は，目的に応じて記載対象・記載項目が変わるだけではなく，数字
を作成する方法も目的に応じて変わります。このため，レポートに記載された
数字の意味を正しく理解するためには，どのような作成プロセスを経てその数
字が作られたのかを理解していないと判断を誤る可能性があります。**単にレポ
ートの上に記載される計算過程だけではなく，そのレポートの対象とする活動
がどのように記録され，集計・計算されて最終的にレポートの数字となってい
るのかを知っておくことが重要**となります。

　この作成プロセスを理解するということは，財務会計の分析においてもある
に越したことはないです。ただし，財務会計は法令や基準といった明確に作成
方法が定められているため，会社の作成手続きを理解していなくても十分に利
用することができます。一方で，管理会計では，財務会計のような統一的ルー
ルはないため，この作成プロセスにおける理解は特に重要となります。

　もちろん，会社が内部的に利用しているすべての管理会計の数字を把握する

ことは不可能です。あくまで自分の業務と関連の深いレポートについて，作成
手続きを理解するようにしましょう。基本的には，自分が利用するレポートが，
どのような人やシステムを介して記録・集計・計算されたのかを追っていき把
握することが必要となります。

現場で使えるTips　財務会計と管理会計の違いの具体例

　管理会計では，財務会計のルールの枠を外れて記録・集計・計算されます。
例えば，事業拠点ごとの業績を評価したいといった目的で，事業拠点ごと
の利益を算出する場合です。こうした場合，多くは財務会計と同じ数字を
利用しながら事業拠点ごとに収益や費用・利益を算出します。しかし，そ
れ以外にも，事業拠点外で別途生じた共通費用を事業拠点に負担させて利
益を算出するといった，**財務会計とは異なる計算過程**を経て利益を計算す
ることがあります。

　また，財務会計のルールと異なるほかの例としては，計画や予算があり
ます。**会社が計画や予算を作成する場合，財務会計が対象とする過去の活
動ではなく将来の活動を扱う**こととなるため，財務会計とは異なる方法で
将来の活動を把握し金額を見積もることになります。

　さらに管理会計では，財務会計の扱う活動とは異なる活動を利用するこ
とがあります。例えば，販売領域において顧客への訪問回数と成約に至っ
た回数から成約率を算出し，販売活動の効率性を管理したりすることがあ
ります。こうした受注に至るまでの活動や受注活動は，財務会計では取り
扱われないものです。この成約率の数字の意味を正しく理解するためには，
その算出式はもちろん，顧客への訪問回数や成約に至った回数といった活
動をどのように記録して，集計しているのかをある程度知っておくことが
必要となります。

　財務会計との違いがどこにあるのかを意識して管理会計の数字を取り扱
うようにしましょう。

Column 1　管理会計の理解向上のポイント

　管理会計におけるレポートの内容や作成手続きを理解するといっても，慣れないとどこから手をつけてよいかわからないかもしれません。2点ほど，理解促進に向けたポイントを紹介します。

　1つ目は，会社の「システムを中心とする情報の流れ」を把握することです。管理会計の数字は，システム外で作成されることもありますが，取引回数が多く繰り返されるような活動を対象としてレポートを作成する場合には，社内に何らかのシステムが構築されていることが一般的です。こうしたシステムを特定し，システムの情報の流れを追って，どのように活動が記録・集計・計算されて最終的に管理会計のレポートとなっているのかを理解することが有用です。人によっては，システムの話となると急にアレルギーを起こして避けたがる人や「ブラックボックスだ」といって理解を拒絶する人がいますが，こうした姿勢では本当に数字を理解して使いこなすことはできません。第2章で紹介するITリテラシーも参考にしつつ，システムの把握に取り組んでみましょう。

　2つ目は，「財務会計の作成プロセス」を理解することです。管理会計を知るために財務会計を知る，というのはここでも同様です。管理会計には，複数の目的がありますが，会社の中で目的に応じたレポート作成の仕組みが個別に構築されるわけではなく，扱う活動や情報の類似性によって，複数の目的に対応する統合された仕組みが社内に構築されます。そしてこの仕組みは，財務会計の作成プロセスを基礎としていることが通常です。多くの管理会計の仕組みは財務会計の仕組みを基礎として一体化しているということです。このため，管理会計を場当たり的ではなく体系的に理解するための近道としては，財務会計が会社の活動をどのように捉えて，記録・集計・計算しているのか，どこの部署の人間がどのように関わっているのかを理解するのがよいと考えます。

　まずは，販売・生産・研究開発といった領域の括りで，自分が属する領域の活動がどう扱われているのかを理解するようにしましょう。財務会計における情報の流れ，人の関わり方を正しく知ることは，管理会計との違いを正しく把握し，管理会計の数字の持つ意味を正しく認識することにつながります。

第3節 | 基礎的な会計スキル

　これまで，財務諸表や管理会計のレポートを利用するうえで必要となる知識や理解について紹介してきました。本節では，そのような知識や理解を少し離れて，一般的に会計数値を活用していくうえで参考となる技術や考え方を紹介します。できている人は誰に教わることなくできている，できていない人は指摘されても何度も失敗を繰り返す，ということが非常に多い領域です。

　ここでは，**実務で見られる失敗事例を踏まえつつ，会計数値で「現状を理解する」，「将来を予測する」，「人に伝える」，「人を動かす」といった会計数値の活用場面ごとにポイントを紹介**していきます。中には，会計スキルというよりも，表現技法といったソフトスキルに属する部分もありますが，会計数値を扱う際に特に多く見られる事例であったりしますので，まとめてこちらで紹介します。

（1）現状を理解する

　管理職が会計数値から所管部門における現状を把握する際のポイントを考えます。これは，管理職に求められる最も基本的なスキルといえるでしょう。

56

① 全体から考える

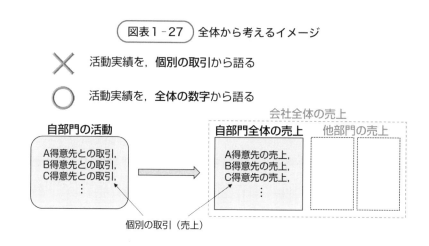

図表1-27　全体から考えるイメージ

✕　活動実績を，個別の取引から語る

◯　活動実績を，全体の数字から語る

管理職は自部門の活動実績について報告を求められることがよくあります。例えば，あなたが販売部門の管理職で，先月の販売活動の実績報告を行う場合です。何を報告するべきでしょうか？　よく見られるダメな例としては，「A得意先でX商品の引き合いが強く，10台の売上がありました。次にB得意先で，…」といったように個別の得意先や個別の取引の状況のみで語るというものです。個別の取引を語ること自体は悪いことではありませんが，部門の活動報告であれば，**まず「全体の数字から語るべき」**です。例えば，自部門の全体の売上数量や売上高，部門としての目標達成率，会社や事業全体の割合などから話すことを基本とするべきです。個別のケースは，その後必要に応じて語るようにします。緊急を要する事例や本当に重要な事象が生じたケースでは，例外的に先に話すといった取扱いがあるでしょうが，基本はまず全体からです。終始，個別の取引で語る人は，部門の活動を全体として把握できていなかったり，そもそも全体として把握すべきという意識がない人であることが多いです。所管部門における**現状を把握する際は，部門全体としての数字やさらにその上の組織である会社や事業全体における所管部門の位置付けなどを踏まえて，全体感を押さえることから始める**ようにしましょう。

② 構成を考えてブレークダウンを行う

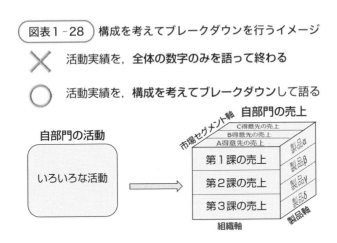

図表1-28　構成を考えてブレークダウンを行うイメージ

✕　活動実績を，**全体の数字のみを語って終わる**

◯　活動実績を，**構成を考えてブレークダウンして語る**

　管理職が自部門の現状を把握するために，全体としての数字を押さえた後は，何を押さえるべきでしょうか？　同じく販売活動の実績報告の例でいうと，全体の数字を紹介した後に，どのような数字を紹介するべきでしょうか？　よく見られるダメな例としては，部門全体の売上実績を紹介したら，そこで数字としての話が終わってしまい，内訳や構成などの詳細な内容がわからない，というものです。売上の内訳や構成を説明するように質問しても，個別の取引について語り出します。このような人は，部門の活動をその構成別に捉えて，現状把握するということができていない人です。そして，ここを苦手とする人は結構多いように思われます。苦手な人に，例えば，販売部門の実績報告書の作成を依頼しても部門全体の売上を記載したところで，次に何を記載すべきかわからずに手がストップしてしまいます。こうした事態を避けるために，「**全体の数字の後は，構成を考えてブレークダウンする**」ということを基本としましょう。

　では，その構成はどのように考えればよいのでしょうか？　構成を考える際には，ある活動における分解可能な構成軸は複数ある，ということに留意する必要があります。販売活動で売上高をブレークダウンする場合でも，例えば，組織軸（部門が抱える組織の単位。課や班，個々の販売員など。拠点別のケー

スもある），チャネル軸（製品・サービスの流通経路。卸売上，代理店売上，小売売上，直接売上，EC売上など），市場セグメント軸（顧客の分類。法人向け・個人向けや国内向け，海外向けなどの顧客グループなど），製品・サービス軸（製品・サービスの種類。品目グループ別や個々の品目別など）など複数の構成軸があります。構成軸やその各構成要素の括り方・名称は，会社によってさまざまです。**販売活動であれば，組織・チャネル・市場セグメント・製品サービスといったように代表的な構成軸は覚えておくとよい**でしょう。なお，収益ではなく費用に着目する場合は，別の構成軸として人件費や賃借料，販売促進費といった勘定科目軸も考えられます。

③　比較・分析する

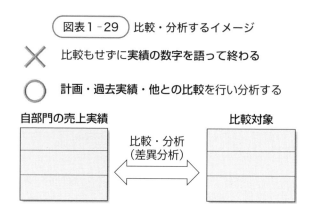

図表1-29　比較・分析するイメージ

✕　比較もせずに実績の数字を語って終わる

〇　計画・過去実績・他との比較を行い分析する

自部門の売上実績　　　　　　　　　　比較対象

比較・分析
（差異分析）

　管理職が自部門の現状を把握するために，全体とその構成要素別の数字を押さえた後は，何をするべきでしょうか？　同じく販売活動の実績報告の場面で考えます。よく見られるダメな例としては，部門の「実績だけ」をただ紹介して，特に何ら比較・分析の跡が見られない，というものです。報告を聞いている側は，実績の数字だけ見せられても特に伝えたいメッセージがつかめずに「それで，何が言いたいの？」となってしまいます。実はこうした場合，報告する側でも，実績の数字だけ紹介することの何が悪いのかがわかっていないケースが多いです。というのも，報告する側は，実績報告をするように言われて「実

　「績」の数字を報告したまでで，それから「実績」と「何か」を比較して説明するようなプラスαの情報が期待されている，ということを理解できていないからです。こうした事態を避けるために，**「全体とその構成要素別の数字を押さえた後は，何かと比較して分析をする」**ということを基本動作としましょう。

　では，一体何と比較・分析すればよいのでしょうか？　比較・分析を考える際には，「実績」と比較可能な対象は複数ある，ということに留意する必要があります。例えば販売活動において，売上高「実績」を何かと比較する場合，「販売計画」や「過去の売上実績」，「業界平均の売上」や「競合他社の売上」，あるいは「同じ会社の他部門の売上高」といった比較が考えられるでしょう。これは売上高に限らず，費用でも同様に考えることができます。これらをまとめてみると，基本的な比較対象は，「計画との比較」，「過去実績との比較」，「他との比較」の3つといえます。**「実績」と何かを比較する際は，「計画との比較」，「過去実績との比較」，「他との比較」を基本の比較対象として考える**ようにしましょう。

　また，比較・分析の対象を考える際のもう1つの留意点として，**分析対象である「実績」の捉え方も複数ある**，ということも覚えておきましょう。これは，例えば，売上実績と販売計画を比較する場合においても，「単月」での比較，「累積での比較」，「年度の最終着地見込み」での比較など，実績をとる期間などにより複数の比較の方法があるということです。「計画との比較」，「過去実績との比較」，「他との比較」で比較を行う場合であっても，こういった比較対象期間の取り方などによって複数の比較方法が可能となります。何を分析対象としたいかを考えて，必要に応じて複数の方法を採用するようにしましょう。

現場で使えるTips　結局，どれと比べるとよいのか？

　比較可能な対象のうち，どれと比べると分析上意味のある結果が得られるでしょうか？　つまり，どれと比べると，分析対象の活動実態や分析対象の市場の動向が見えてくるでしょうか？　残念ながら，その答えは，比較分析する前に得ることは難しいです。基本とする3つの比較はともに異

なる観点からの分析であり，それぞれで比較分析してみないと活動実態や市場の動向で見えてこない部分があります。もちろん，分析対象の活動や市場に対する理解がもともと深ければ，どのような分析がよさそうかの予想をある程度つけることは可能です。ですが，そのような理解はなかなかすぐに身につくものではありません。分析対象の活動や市場に対する理解が浅い間は，**可能な限り多くの軸で比較・分析を行うことを基本とするべきです。**

　なお，このように多くの軸で比較するときであっても，比較分析の優先度としては，まず同一対象・同一期間としての比較である「計画との比較」を第1に考えるようにすることが効率的です。「過去実績との比較」や「他との比較」は「計画との比較」を行った後に行うことをお勧めします。「計画との比較」については，次項でより詳細に説明します。

（2）将来を予測する

　管理職は，会計数値を使って将来の活動を予測し，予算（計画）を策定することが求められます。そして，その策定した予算（計画）と実績を比較することにより，現状を正しく理解することが求められます。ここでは，管理職が予実管理を行う際のポイントや，その前提となる予算（計画）を策定する際のポイントを紹介します。

① 予実管理を行う

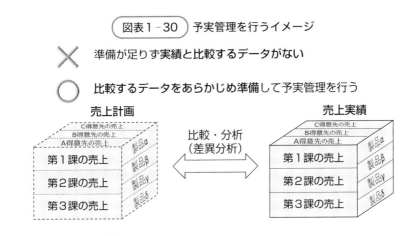

図表1‑30　予実管理を行うイメージ

✕　準備が足りず実績と比較するデータがない

◯　比較するデータをあらかじめ準備して予実管理を行う

予実管理は，現状を把握するための基本的なスキルです。予実管理を適切に行うことにより，当初の想定と実績にどれだけ差があったのかがわかります。作った予算と実績を比較するだけだから単純な話ではないか，と思う人もいるかもしれません。しかしながら，実は予実管理に課題を抱えている人は多いです。よく見られるダメな例としては，「予算を作ること」のみが作業の目的となって，その後の利用イメージがなく，いざ予実分析の段階になって「比較データがないので分析できません」というものです。本当にひどいケースでは，そもそも予実の比較をしていない，というものもあります。

こういった状況が生じてしまう原因として，予算（計画）策定時に予実管理の実施イメージを十分に固めていない，ということが考えられます。例えば，あなたが販売部門の管理職で，先月の販売活動の実績を使って予実分析を行う場面を考えます。販売計画と売上実績を比較する，ということです。（1）「現状を理解する」で紹介したとおり，売上高は，複数の構成軸によってブレークダウンすることができます。組織軸・チャネル軸・市場セグメント軸・製品サービス軸などです。こうした構成軸を使って売上実績と販売計画を比較するには，どのようなデータが用意されている必要があるでしょうか？　売上実績の構成軸で販売計画と比較したい場合，売上実績と販売計画の両方とも同じ構成

軸で分解可能なデータを保有している必要があります。売上「実績」について
は通常，システムで構成軸ごとのデータが保有されているので，大きな問題は
ありません。問題は，販売「計画」です。販売計画もすべての構成軸に分かれ
たデータとして準備できているでしょうか？　残念ながら，販売計画をすべて
の構成軸で分けた詳細なデータで保有しているケースは稀です。このため，例
えば，管理職が市場セグメント別の分析を実施したいと思っても，販売計画の
市場セグメントの構成を示す数字がないため分析ができない，といったケース
がありえます。また，セグメントの大区分までの構成数字はわかるけれども，
そこから先の詳細分析をすることはできないといったケースはよくあります。

　では，販売計画もすべての構成軸で比較・分析する可能性を考えて，しっか
りとすべての構成軸のデータを揃えておく必要があるのでしょうか？　大きな
手間をかけることなく作れるのなら，すべての構成軸のデータを用意しておく
に越したことはありません。しかしながら，このようなデータの作成は，通常
大きく手数がかかるし，ある構成軸では大区分までは予測できても詳細な予測
は難しいため，無理して作ったとしても比較・分析上意味がないケースもあり
ます。このため，予実管理のための予算（計画）策定時のポイントとしては，「**ど
のような構成軸でどのようなレベルまでの分析を行う必要がありそうか，とい
う予実管理の実施イメージを具体化して，必要とされる範囲で情報を準備して
おく**」ということです。

　なお，「販売計画が保有しておくべきデータ」について構成軸を中心に紹介
しましたが，これは，年次データ・四半期データ・月次データといった期間デ
ータであっても同様のことです。月次での予実管理が必要であれば，月次での
販売計画を保有しておく必要があります。予実管理の実施イメージを具体化し
て準備を行い，後で慌てることのないようにしましょう。

現場で使えるTips　予実管理のための準備

　「準備」という点でもう少し付け加えると，事前に比較用のシステムやフ
ォーマットを作成しておき，実績データが得られればすぐに比較・分析可

能なような体制をとっておく，ということが望ましいです。

②　予測の方法を考える

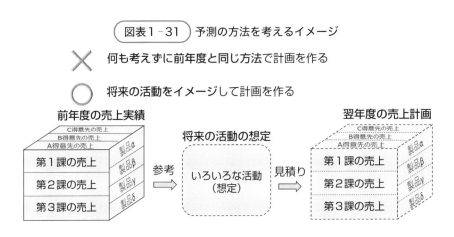

図表1-31　予測の方法を考えるイメージ

✕　何も考えずに前年度と同じ方法で計画を作る

○　将来の活動をイメージして計画を作る

　予実管理で紹介した以外に，予算（計画）を策定するうえで，留意しておくべきポイントを紹介します。例えば，あなたが販売部門の管理職で，来年度の販売計画や販売部門の予算を策定する場合です。よく見られるダメな例としては，前年度に作成した予算（計画）を使って，新たに追加すべき活動や変更すべき点を特に考えることなく前年度と同じ記載項目に数字を埋めていく，あるいは前年度実績をそのまま使う，というものです。こうしたやり方では，大きな収益・費用の計上漏れや誤りが生じる可能性が高いです。当たり前ですが，予算（計画）は，将来の活動を反映して作成されるものであるため，適切に作ろうとすると「**将来の活動をなるべく具体的にイメージする**」必要があります。経営方針や販売方針を踏まえつつ，販売活動をなるべく具体的にイメージし，販売計画を作成するうえでの重要な想定が漏れないようにすることが必要です。

　また，販売活動を金額で表現するための見積方法にも注意が必要です。見積方法としては，例えば，個別の売上取引を1つひとつ想定して積み上げて販売計画を作成する方法から，昨年度の売上高合計に対して5％アップの金額とす

るように一括で計算する方法，さらには単価と数量に分けて，単価は過去実績を使用しながら数量を見積もる方法などいくつかの方法があります。こうした見積りを行ううえでのポイントを3つ紹介します。1つ目は，予実管理でも記載したとおり，予算利用時の有効性と見積もる際の手間とのバランスを考えて適切な方法を選択することです。2つ目は，どのような方法を採用したのかを明確にしておくことです。予実分析の際に参考とすることが非常に多いためです。3つ目は，複数の見積りを行う場合であっても，それぞれの根拠となる数字のすべてが全体として整合性を持つようにすることです。例えば，予算におけるある項目の見積りでは年間の部門の想定人数を100人としていたのに，同じ予算の別の項目の見積りでは，想定人数を150人としているようだと整合性がとれておらず，予算の数値としての信頼性が損なわれてしまいます。経営方針や販売方針に合致しているのはもちろんのこと，それ以外の要素も同じ予算内では整合性を保つように意識しておくことが必要です。

　このようなポイントを意識しておくことで，予算（計画）の精度は大きく変わり，その後の使い勝手を向上させることにつながります。

（3）人に伝える

　管理職は，予算（計画）を策定した際や活動実績をトップマネジメントに報告する際など，会計数値を使ってその内容を適切に他者に伝えることが求められます。ここでは，管理職が会計数値を使って，他者にその内容を伝える際のポイントを紹介します。

①　本題に入る前に伝えるべきことを考える

図表1‑32　本題に入る前に伝えるべきことを考える

✕　自分が話したい詳細な数字から語る

◯　まず先に経緯や目的を話してから詳細な数字を作る

　どれだけ素晴らしい内容を準備していたとしても，相手に適切に伝わらなければ無駄な作業となってしまいます。伝わらなければ無駄となることをわかってはいるものの，いざ会計数値を使って何かを説明しようとすると，この「伝える」という行為がおろそかになっているケースは多いです。例えば，あなたが販売部門の管理職だとします。定例の活動報告とは別の機会として特別に，トップ層に対し「大型新商品Xの販売実績」というテーマの報告を求められました。場面は，通常の会議形式です。あなたは何から伝えていくべきでしょうか？

　よく見られるダメな例としては，自分が一番話したいと思っている，詳細な分析をした数字をいきなり紹介していく，というものです。これは，会計数値の理解が高い人が陥りがちな失敗です。これでは，たとえ話すべき内容が正しかったとしても，伝わらない可能性が高いです。なぜなら話し手と聞き手における会計数値を含めた情報に対する「温度差」が1つの要因であるように思います。ここでいう「温度差」とは，新たな情報に対する心の準備とか受入態勢のギャップのことです。この「温度差」が大きいとコミュニケーションが円滑に進みません。**聞き手の心の準備とか受入態勢が整わないうちにいくら詳細な内容を伝えたとしても伝わらないですし，むしろ状況を悪化させる**ことになります。

　「温度差」が生じやすい両者の典型的な関係は以下のようなものです。話し手は，そのテーマに日頃から多くの時間を費やして，各種データを詳細に把握して加工を行い，比較や分析を繰り返し行ったうえで現状を把握し，聞き手にそれを報告しようとしている。聞き手は，そのテーマについてまったくの初見であったり，初見ではなくても日頃からそのテーマに大した時間を割いておらず，内容も忘れてしまって，報告にあたってどのような情報が出てくるかイメージできていない。

　こうした両者の関係で，聞き手がコミュニケーションの最初から自分の理解を特にかみ砕くことなくそのままぶつけてくるというのは，相手に過度の負担を強いるものです。車をいきなりトップスピードで動かせと言っているようなものです。そして，こうした状況は，扱う情報に会計数値が絡んでくる場合に，より顕著なものとなります。会計数値は，意味を読み取ろうとしなければただ

66

の数字の羅列です。たとえ会計数値の扱いに慣れた人であっても，その理解にある程度の労力が必要となります。つまり，会計数値は，性質として話し手と聞き手の温度差を広くしがちなものです。話し手は会計数値を伴ったテーマの報告をする際は，普段以上にその「温度差」を意識することが必要です。「両者の温度差を意識し，聞き手をガイドしながら差を徐々に詰めていく努力が必要」です。

　いきなり自分の話したい詳細を話すのではなく，そもそも今から何のテーマについて話そうとしているのか，経緯や目的はどのようなものであったのか，これから紹介する会計数値が記載された資料はどういう意図で作成したものか，資料のどこに着目するべきなのか，詳細を伝える前にこうした点を順次紹介して，ストレスなく聞き手を自分が一番話したいと思っているポイントへ誘導することを心がけましょう。もちろん，参加者の理解が十分に高いことがすでにわかっており，そのようなガイドが不要なケースもあるでしょう。そうした場合には，いきなり詳細に入って結論を伝えるように求められるかもしれません。ケースに応じて，どこまでの対応が必要となってくるかは異なってきます。伝えようとしている場の温度差を事前に見極めることが必要です。そして，そうした**温度差が事前にわからなければ，基本は，「聞き手は初見であることを前提に，何をどこまで伝えて，どのようにガイドするかを報告の前に検討しておくべき」**です。

②　伝えるための資料作りのお作法
　前項では，どれだけ素晴らしい資料を準備していたとしても相手に適切に伝わらなければ無駄な作業となってしまうことを紹介し，適切に伝える際のポイントを説明しました。本項では，会計数値を含んだ資料について，その準備の時点ですでに失敗しており，伝える前から伝わらないことが見えているような資料の事例を紹介しつつ，適切に伝えるための資料作りのポイントを紹介します。

　すべて当たり前のことですので，留意点というよりもお作法といってよいと思います。ですので，今から紹介する事例は，会議の場面での失敗事例というよりも，部下が作成した会議用資料の事前レビューでの指摘事例を中心に紹介

していきます。部下の資料をレビューする際の参考として利用してください。

（ⅰ）メッセージは明確に

　部下が作成した会議用資料のダメな例として，会計数値を示した表やグラフは豊富に記載されているものの，伝えるべきメッセージが何も記載されていない，読み取れない，というものがあります。ひたすら表やグラフのみが記載されており，そこに評価や考察は何も記載されていないという資料が多いです。表やグラフの中で「数字の比較だけ」を行い，特に何ら分析としての考察が見られない，というものもあります。最終的に何を伝えたかったのかが見えずに，見る側の判断に任せてしまっているような資料です。

　例えば，会計数値とともに部門の活動実績を報告しようとする場合には，数字だけの記載では終わらずに，活動実績はよかったのか悪かったのか，あるいは，活動から考えて異常な数値の動きや大きな変動があったのかなかったのか，それらは何が要因となっているのか，といった「評価や考察を含めたメッセージを記載する」ことを基本とするべきです。そして，その要因から考えて今後どういった対応をとるべきかなど対応方針を付すことが望ましいです。

現場で使えるTips　主観的な記載を避けたがる人

　評価や考察の記載が必要だとわかっていながら，その記載をかたくなに避けたがる人もいます。この手の人は，評価や考察に少なからず主観的な要素が入らざるを得ないため，気が引けてしまっているというケースが多いように感じます。しかしながら，評価や考察にある程度，主観的な要素が入ってくるのは避けられないことですし，誰かが評価や考察を行わなければ比較・分析をする意味がありません。繰り返しますが，「会計数値を示した表やグラフには，評価や考察を含めたメッセージを明確に記載する」ことを基本とするべきです。

（ⅱ）資料だけで理解できるように

　資料の記載だけではその資料に記載された表やグラフを理解することができないような資料を作る人がいます。例えば，資料では，まるで売上実績の報告かのように表やグラフを見せておいて，実は実績ではなく予測であったということがあります。また，表やグラフは数値として記載されているものの，その理解にあたって必要となる対象範囲や対象期間といった重要な前提事項や計算方法が資料から読み取れないことがあります。資料の記載だけで意味が読み取れない場合，基本的にその資料はダメな資料です。他にも，表やグラフに単位の記載がないとか，グラフのタテ軸・ヨコ軸が何を表しているかの記載がないなど，雑な資料を作る人がいます。**「資料に記載された情報から理解できるように」**しておかないと，単に伝わらないというだけではなく，ときには大きな誤解を生む原因になります。

（ⅲ）相手の見る気を削がない

　部下が作成した会議用資料のダメな例として，詳細な「生データ」をそのまま記載する，というものがあります。「生データ」とまではいかなくても，「詳細な表」を資料に記載して説明しようとする例はよくあります。「生データ」や「詳細な表」によって相手の見る気を削がないように，**「なるべく簡単な表やグラフを使って表現する」**ようにしましょう。

　「生データ」をそのまま記載するというわけではなくても，資料の文字や数字がやたらと多く，サイズが小さいというものもあります。自分が読めるか読めないかで判断してはいけません。相手が見る気になるかどうかです。数字の羅列が一定量を超えると拒絶反応を示して視界に入らないという人も少なからずいます。また，若い人は気付きにくいかもしれませんが，年をとると老眼によって文字や数字が読みにくくなることの影響は大きいです。40歳以上の方を対象に資料を作る際は，このことを念頭に置いて資料作りをするべきです。

　この「資料を見る相手のストレスがなるべく少なくなるように資料を作成する」ということは，普段から気をつけておかないと身につきにくいものです。そうでないと，いざ重要な会議での資料作りで対応しようとしても失敗します。日々のデスクで交わされる資料を使った説明や，メール上でのデータのやりと

りなど，普段からできている人は問題なく対応できますし，普段から横着して杜撰な対応をしている人は，重要な会議の資料作りでも独りよがりなものを作ってしまいます。**「相手の見る気を削がない資料作りは，普段から意識して自然とできる状態にしておく」**ことを基本としましょう。

（ⅳ）相手の反応を想定しておく

　表やグラフを伴ったある資料を見た際に，その中に明らかに異常な動きがあって目に留まるということがあります。そして，資料の作成者にその内容を確認すると「わかりません。調べておきます」という回答があったりします。この表やグラフを見る人なら誰もが気付き，質問して当然のことに用意ができていないのです。他にも，現状の分析を行ってその問題点を列挙したあとに，「では，どうすればよいのか？」の問いがあっても，黙ってしまって何も回答を用意できていないというケースがあったりします。資料の準備を行う際には，「その資料を見たときの相手の反応を想定しておき，その反応への準備をしておく」ことが必要です。会計数値を含んだ資料でも，誰もが質問して当然といったポイントについては，漏らさずに準備しておくことを基本としましょう。

　なお，そもそもそのような質問が出てくると困るので，質問が出そうな部分を隠して，都合のよい部分だけを示す資料を作成する人もいます。例えば，ある販売促進施策が売上高に与えた効果を報告する際に，全体として見れば効果があったとはいえないのに，施策の効果があったといいたいがために，全体を示すことなく売上高が伸びた部分だけを取り上げるといったケースです。このような態度は，会社としての意思決定を誤らせることにつながるため，厳に慎むべきです。メッセージが相手に刺さるように表やグラフの単純化や一部を強調することはよくあることです。しかし，そのことと，わざと誤解を招くように相手を誘導するような資料を作ることとは，明確に区別しておく必要があります。

（4）人を動かす

　ここでは，会計数値が特に人を動かすためのツールとして機能する予算統制

と目標値についてまず紹介します。その後，会計数値を使って人を動かすこと全般について考えたいと思います。

①　予算と目標値

（図表1‐33）予算と目標値

✕　特に考えることなく予算統制の変更や新たな目標値を作る

◯　影響を十分に検討して予算統制の変更や新たな目標値を作る

　管理職は，社内の人を会社や部門の方針に従って適切に方向付けて動かしていく必要があります。このとき，強力なツールとなるのが，「予算」や「目標値」です。会計数値は，会社の活動を数値で表現したものであることはすでに説明しました。**「予算」や「目標値」を利用することは，逆に会計数値を使うことによって会社の活動をコントロールしたり，期待する方向に持っていくことを意味します。**

　「予算」では，まずその作成過程そのものが，会社の活動を方向付ける機能を持ちます。経営方針や予算作成の前提に従って各部署の予算を編成し，総合予算として統合することにより，各部門バラバラではなく，会社としての方向性を合わせることができます。また，その後の予算統制においては，会社としての方向性や考え方になるべく従うように社内で仕組みが構築されていることが通常です。例えば，「予算で計画された活動」については比較的円滑に実施できるような社内手続きを要求し，「予算で計画されていない活動」については，より厳格な社内手続きを要求するような仕組みです。他にも予算と実績の差を詳しく説明することを求めたり，差異や未達について評価を行うような仕組みもその1つですし，また，交際費や旅費交通費など勘定科目によって決裁のルールが異なるというのもそうした仕組みの1つです。

　「目標値」も「予算」と同様に，その目標が設定された人の活動をコントロールし，方向付けを行います。目標値の多くは，予算に組み込まれ一体化されていますが，予算以外でも目標値を定めることはあります。目標値に基づく実

績の評価を徹底することにより，人の活動を動機付けたり制限したりすることができます。

　このように「予算」や「目標値」は，会社で人を動かすための強力なツールとして機能し，**管理職は部下を動かすためにこうした予算や目標値を効果的に利用していくことが求められます。**

　しかしながら，この予算や目標値は，適切に利用すれば部下を動かすために強力に作用する一方で，使い方を間違うと部下が誤った方向に全力で向かっていってしまうような取扱いの難しい両刃の剣です。会社としてすでに整備された仕組みのうえで活用していく分には，使い方を大きく誤るリスクはまだ低いといえますが，管理職が自ら新たな仕組みを導入する場合には特別の注意が必要です。

　この注意が不十分だと，想定外の状況が生じることがあります。例えば，部下の活動の管理を強化するべく予算実施に際して厳しい決裁のルールを導入したところ，そのルールに従うと仕事が進まないので部下全員がルールを逸脱する動きをしたりすることがあります。

　また，活動を適切に評価するべく新たに導入した目標指標が，評価すべき活動の一側面しか示さない不適切なものであったり，評価が不公平な仕組みとなっていたりすると，部下のやりがいやモチベーションを下げて期待するように動いてくれないことがあります。

　「新たな予算統制の仕組みを導入する場合や新たな目標となる指標を採用する場合には，新たな仕組みのもとで人がどのように動くかを十分にイメージして仕組みを整備する」ようにしないと，期待した効果が得られません。そして，こうした仕組みの整備のために要求される会計スキルは思いのほか高いです。このため，会計スキルが十分に高い人は別として，会計スキルに自信のない人は，こうした仕組みの整備が必要な場合には，自分だけの判断で仕組みを導入しようとせずに，現場と仕組みの構築の両方に慣れた人の意見を聞くことが望ましいです。

②　理解と納得

　管理職は，予算や目標値といった仕組みを使って部下を動かしていくだけで

はなく，本来的にはそのような仕組みがなくとも部下の理解と納得のもとで自発的に動いてもらうようにする必要があります。これは部下に限らず上司や得意先など他者全般を動かす際も同様です。そして，本章ですでにこれまで紹介してきた会計リテラシーを適切に使いこなせれば，他者の理解と納得は得やすくなるものと考えます。

　つまり，財務会計や管理会計を適切に理解し，会計数値を駆使して現状把握や分析を行い，それらを適切な方法で伝えることができれば，相手の理解と納得が得やすくなって，期待する方向へ人を向けることがより期待できるでしょう。あとは，第4章で紹介するヒューマンスキルも踏まえたうえで，実践していくことが重要となります。

第**2**章

ITリテラシー

第1節 ｜ 管理職に求められるITリテラシー

（1）ITリテラシーとは何か

　本書では他の章においても会計リテラシーや法務リテラシーといった表現で管理職に必要となる知識や能力を表現していますが，ITの領域に関しては，独立行政法人情報処理推進機構（以下「IPA」）がITリテラシースタンダード(IT Literacy Standard：以下「ITLS」）の中でITリテラシーの定義をしていますので，その定義がわかりやすいと思います。

<table>
<tr><td>図表2‐1</td><td>ITリテラシーとは</td></tr>
</table>

> 社会におけるIT分野での事象や情報等を正しく理解し，関係者とコミュニケートして，業務等を効率的・効果的に利用・推進できるための知識，技能，活用力

出典：IPA「ITLSの概要」（2018年12月28日）

　ITLSはこのようなITリテラシーをIT技術者のみならず，**ユーザー企業の事業部門やスタッフ部門に勤務する非IT技術者においても，昔でいうところの「読み・書き・そろばん」に相当するような，普遍的に必要な能力として位置付けています。**政府施策では統合イノベーション戦略や未来投資戦略でもその必要性が謳われており，これからの日本にとってもその必要性や重要性が高まっているといえます。

（2）専門家ではなくすべての産業においてITリテラシーが必要な理由

　ユーザー企業において経営管理システムや業務システムをはじめとする，いわゆる社内システムを導入する際，これまではユーザー企業とIT企業は明確に役割分担をし，**ユーザー企業に所属する社員の多くはITに関わることは専門性が高い業務としてIT企業へ"丸投げ"をしてきました。**

　ユーザー企業は，その企業が生業とする業務の知識を醸成する社内教育は実施するものの，ITに関する教育はPC操作や社内システムを利用できる最低限の教育しか行われず，その後の業務においても“丸投げ”によってITリテラシー醸成の機会が失われている状態が慢性化しているといえます。その結果，**ユーザー企業の社員のITに関する知見やノウハウは空洞化し，さらにはITリテラシー不足を抱えた一般社員がそのまま管理職となっている**ため，組織全体のITリテラシー不足を引き起こすという負のスパイラルに陥っている企業も少なくありません。

　ユーザー企業の多くが前述したITリテラシー不足の慢性疾患の状態にある中で，昨今のテクノロジーの進歩から「デジタル技術がすべての人々の生活を，あらゆる面でよりよい方向に変化させる」という，いわゆるDXによるビジネスの変革が注目され始め，日本においても経済産業省が2018年9月に「DXレポート～ITシステム「2025年の崖」の克服とDXの本格的な展開～」を公表したことで，一気に産業界にDXの考え方が浸透してきています。これまでは気付いていなかった，または見過ごされていたユーザー企業における慢性的なITリテラシー不足の課題に向き合わざるを得ない状態となってきていますので，**ユーザー企業においても，デジタルテクノロジーやデジタルビジネスに対して知見・経験を持つ人材が少なく，育成できていないということが，経営課題**として認識されつつあります。

（3）管理職がITリテラシーを求められるシーンと到達レベル

　管理職は社外のビジネスパーソンとの接点を持つことも多くなります。管理職になるまでは社内のプロジェクトメンバーや他部署との会話が多く，また同じ環境で育っている者同士のコミュニケーションなので，ITリテラシーのレベル差が問題になることは多くないと思います。しかし，**社外のビジネスパーソンとのコミュニケーションでは，一定レベルのITリテラシーを持ち合わせていないと会話をすることすらままならない**シーンも多くあります。複数の部下を抱え，会社の顔として活動することも多い管理職のITリテラシーが低いことで，時には経営や事業に大きな影響を与えるリスクが顕在化することもあり

ますので，看過できない問題だと思います。

図表2-2 ITリテラシーの低い管理職が抱える潜在リスクの例

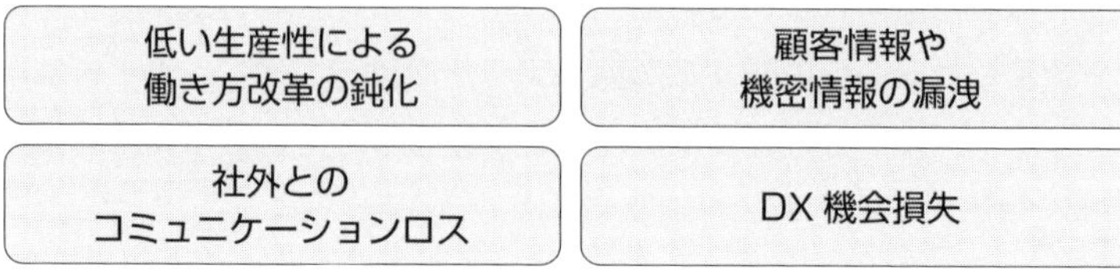

低い生産性による 働き方改革の鈍化	顧客情報や 機密情報の漏洩
社外との コミュニケーションロス	DX 機会損失

　本章では，上記のような潜在する事業リスクへの備えとして，ローワー層からミドル層に転換する際に身につけておきたいITリテラシーやDX時代に知っておきたい基本知識や基本技術について解説しています。

　筆者自身，以前はシステムエンジニアやプロジェクトマネジャーとしてシステム開発現場にいたため，より高度なIT知識やスキルを習得するように心がけていました。しかしながらその後，営業，コンサルタント，事業企画と職種も立場も変えながら多くのさまざまな方と交流を重ねてきた中で，体系的に高度なITの知識やスキルを1人が追求する必要は必ずしもないと思っています。高度なITの知識やスキルを体系的に学べる機会は情報処理技術者試験やIT領域別の民間資格などITリテラシーを底上げする方法が多くあるため，それらの活用をお勧めします。

　本章は，ミドルマネジメントが日常業務において知っておきたい必要最低限のITリテラシーや実務における勘所，センスを身につけることをゴールとしています。

図表2-3　第2章の内容

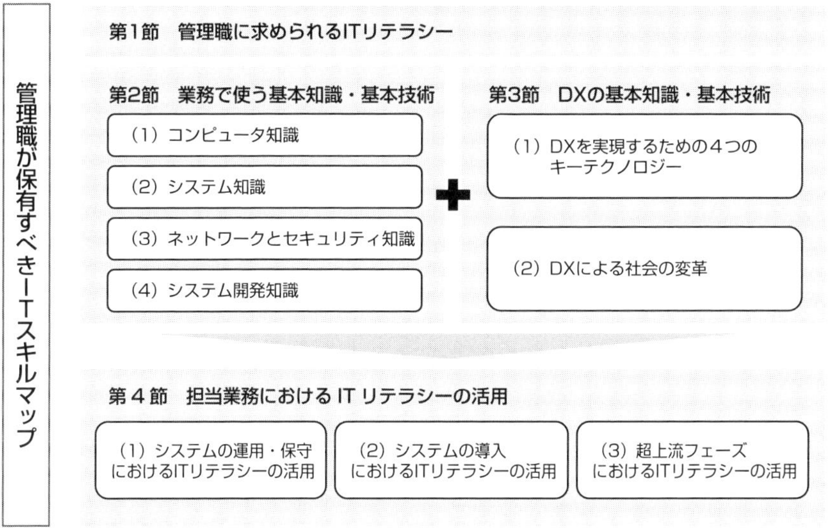

管理職が保有すべきITスキルマップ

第1節　管理職に求められるITリテラシー

第2節　業務で使う基本知識・基本技術

- （1）コンピュータ知識
- （2）システム知識
- （3）ネットワークとセキュリティ知識
- （4）システム開発知識

第3節　DXの基本知識・基本技術

- （1）DXを実現するための4つの
  キーテクノロジー
- （2）DXによる社会の変革

第4節　担当業務におけるITリテラシーの活用

- （1）システムの運用・保守
  におけるITリテラシーの活用
- （2）システムの導入
  におけるITリテラシーの活用
- （3）超上流フェーズ
  におけるITリテラシーの活用

第2節 業務で使う基本知識・基本技術

（1）コンピュータ知識

　一般的にコンピュータには，会社だけでなく家庭でも当たり前のように利用され，大人だけでなく子どもであっても一般的となったパソコンや，企業の情報システムで利用される高性能で高価なサーバ，科学技術計算用途で世界の性能ランキングなどがニュースにもなったりするスーパーコンピュータなどがあります。それぞれの詳しい解説をするだけで本を何冊も書けてしまいますので，本書では最低限の説明に留めます。

① コンピュータの種類

　すでに触れたとおり，さまざまな種類のコンピュータがありますが，最近ではスマートデバイスと呼ばれる携帯電話やスマートフォン・タブレット端末や

ビデオゲーム機，腕時計型やメガネ型のウェアラブルデバイスなど，より**コン
ピュータが生活に溶け込んでおり，特別なものではなくなってきています。**

図表2−4 コンピュータの種類

種類	特　徴
パソコン（ＰＣ）	パーソナルコンピュータの略。個人利用を前提にしたコンピュータでデスクトップ型やノート型がある。
サーバ	企業の情報システムで利用される大規模・高性能のコンピュータ。 特定の用途（Webサーバ，メールサーバ，アプリケーションサーバなど）で利用される。 以前はメインフレームと呼ばれる企業の基幹業務に利用される汎用コンピュータもあったが，世の中の流れとしてサーバに置き換えられている（ダウンサイジング）。
スーパーコンピュータ	科学技術計算などに用いられる超高性能コンピュータ。
スマートデバイス	スマートフォン，タブレット端末に代表される通信機能やカメラなどを備え，さまざまな用途に使用可能な多機能端末。
ウェアラブルデバイス	腕や脚，頭部など身体の一部に装着して利用するコンピュータ。

　図表2−4では物理的なコンピュータの概要をまとめましたが，**コンピュー
タのリソースを抽象化し，実際には１つしかないリソースをあたかも複数のコ
ンピュータが存在しているかのように見せる技術もあり，これを仮想化技術と
いいます。**サーバの仮想化はもちろんですが，コロナ禍ではもはや当たり前と
なったリモートワークを下支えしているデスクトップの仮想化，ストレージ，
ネットワークなどさまざまなコンピュータリソースの仮想化が進んでいます。
仮想化技術の概念と得られる恩恵については学習しておくことをお勧めします。

②　ソフトウェアの種類

　前述したコンピュータは形あるものということで，ハードウェアと呼ばれま
す（厳密にはキーボードやマウスなどの周辺機器それぞれもハードウェアです
が，ここでは細かく定義しません）が，一方でコンピュータに命令を出すため
のプログラムをソフトウェアと呼びます。コンピュータはソフトウェアなくし
ては動きません。

図表2-5 ソフトウェアの種類

種類	特　徴
オペレーティングシステム	OS，基本ソフトと呼ばれるもの。 コンピュータを動かすために最低限必要なプログラム群。 Windows，MacOS，UNIX，Linux，iOS，Androidなどがある。
ミドルウェア	後述するアプリケーションとOSの中間に位置するソフトウェア。 非常にわかりにくい概念であるが，一般的には以下に集約されるので特定用途で覚えてしまうのがよい。 Webサーバ，アプリケーションサーバ，データベース管理，システム運用（バックアップ，システム監視など）
アプリケーション	目的別に提供されるソフトウェア。ワープロソフトや表計算ソフト，プレゼンテーションソフトなど仕事をするうえで馴染みがあるものや，スマートフォン用のアプリケーション（アプリと呼ばれるもの）などを含み，多岐にわたる。

③　OSS

　②ではいわゆる商用ソフトウェアの種類を説明しましたが，通常の商用ライセンスとは取扱いが異なるOSS（オープンソースソフトウェア）というソフトウェアがあります。OSSを名乗るソフトウェアには満たすべき要件というものがあり，具体的には図表2-6のとおりです。

図表2-6 OSSの定義

No	要　件
1	再頒布の自由
2	ソースコードでの頒布の許可
3	派生ソフトウェアの頒布の許可
4	ソースコードの完全性
5	個人・グループに対する差別の禁止
6	利用分野に対する差別の禁止
7	ライセンスの分配

8	特定製品でのみ有効なライセンスの禁止
9	他のソフトウェアを制限するライセンスの禁止
10	ライセンスの技術的中立性

　有名なOSSといえばLinuxやAndroid（OS），Firefox（Webブラウザ），Thunderbird（メールクライアント），MySQL（DBMS），Apache（Webサーバ）などがあり，馴染みの深いものもあるでしょう。これらは有償ソフトと比較しても低コストで，性能面で引けを取らず，コミュニティによる相互支援により，バージョンアップなど進化のスピードやサポートも速いという特徴があります。このため，大手企業での導入事例も多くなってきており，導入に踏み切る企業が増えてきています。

現場で使えるTips　OSSの導入

　OSSを導入する企業が増えてきていますが，**単に流行りや安価という理由で導入していると痛い目をみる**ことがあります。バグなどの不具合が発見された際に必ずしも対応できない点や，**日本語サポートが十分ではない**などのサポート面でのリスクもあります。事例が増えてきているとはいえ**自社のITリテラシーや用途などを鑑みて，適切に導入を検討する必要があります。**

④　データベース

　データベースとは，企業内の情報を一元管理するためのシステムを指し，そのデータベースを構築・管理するためのソフトウェアをDBMS（Database Management System）と呼びます。最も普及しているデータベースはリレーショナル（関係）データベース（以下「RDB」）と呼ばれる，データを表形式で管理するデータベースで，SQL（Structured Query Language）という，データを操作するための言語を利用してデータを扱います。

　最近では，Twitterに代表されるような1日に何億もの大量のデータを扱う

サービスが増えてきており，RDBに代表される**従来型のデータベースの技術では処理しきれないケースが増えてきています**。そこで注目されているのがNoSQL（Not Only SQL）という技術で，SQLを使わないRDB以外のデータベースを指します。データの整合性よりも，大量のデータを素早く処理することを優先しているという特徴を持つため，今の時代に即した新しい技術といえます。

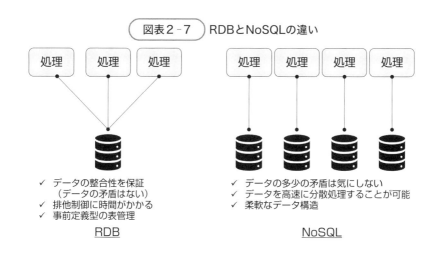

図表2-7　RDBとNoSQLの違い

✓ データの整合性を保証
　（データの矛盾はない）
✓ 排他制御に時間がかかる
✓ 事前定義型の表管理
RDB

✓ データの多少の矛盾は気にしない
✓ データを高速に分散処理することが可能
✓ 柔軟なデータ構造
NoSQL

（2）システム知識

① エンタープライズアーキテクチャ（EA）

　2011年にジェフリー・ムーア氏が出した"Systems of Engagement and The Future of Enterprise IT"というホワイトペーパーにより，守りのITを指すSoR（System of Record）と，攻めのITを指すSoE（System of Engagement）が示され，これにSoI（System of Insight）が加わり，これら**3つのタイプを共通の物差しとしてシステムを分類することで，社内システムのアーキテクチャを説明することが一般的になってきています**。投資や導入効果の面で相乗効果をうまく引き出せるようなIT戦略を描くために，これらの守りと攻めを両輪で共存させ，柔軟に使い分けていくという考え方を，自身が向き合っている

システムに適用し，使いこなしていくことが重要です。

SoR（System of Record）
　データの記録を目的としたシステム群
　従来のレガシーなシステム群のため，更新頻度は少ない
SoE（System of Engagement）
　顧客とのつながりを目的としたシステム群
　多様性を持つ顧客ニーズに対応するため，更新頻度は多い
SoI（System of Insight）
　SoR，SoEから得たデータを分析し，新たな洞察を得るための仕組み

　第3節で解説をしますが，昨今では「第3のプラットフォーム」という考え方が浸透してきており，「モビリティ」や「ソーシャル技術」の進化により，これまでBtoBのビジネスが主体であった企業においても顧客接点が持ちやすくなりました。SoEは顧客接点を持つシステムやサービスの領域を指しますので，これらの仕組みを通じて得られる顧客データを収集・蓄積するための入り口の機能を担います。顧客接点を持つため，システムには拡張性や新規性が求められます。

　一方，SoRとは，ERP（P.84）を始めとした基幹システムや業務支援システムなど，いわゆる従来の社内システムと呼ばれる多くのシステムを指します。この領域では業務の効率化やコスト削減など，事業を円滑に推進するための仕組みが求められますので，正確性や信頼性，安定性が重視されます。

　SoIの領域は，従来から管理会計やDWH（P.91），BI（P.93）などのデータを扱う仕組みはあったものの，ビジネスに効果的な仕組みを持っている企業は多くはありません。変化の大きいSoEからのデータを上手に活用し，新たな知見や洞察を得るという好循環を企業活動の中で定着させている企業はまだまだ少なく，後述するDX（P.109〜）を推進するうえでも欠かすことのできない重要な領域であるといえます。

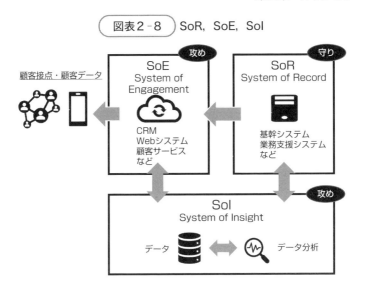

図表2-8　SoR, SoE, SoI

② 社内システム

　社内システム，すなわち企業活動を下支えするためのシステムは「基幹システム」や「業務支援システム」，「情報系システム」などと呼ばれ，その定義も人それぞれで曖昧でした。さらに最近では，それぞれのシステムやパッケージ・サービスのカバー領域が広域かつ複雑になってきており，「基幹システム以外のシステム」も企業活動においてミッションクリティカルな仕組みになってきていることから，明確な定義は難しくなってきています。

　本書では，企業活動を下支えするシステムの総称を社内システムと呼び，その構成要素としてSoR, SoE, SoIの各領域を定義，それぞれの領域でどのようなシステムが存在するのか，もう少し具体的に解説をしたいと思います。なお，これまで長年，製薬業界のシステムを見てきましたので，具体的な業務イメージは製薬業界の事例で解説をしたいと思います。

③ SoRを構成するシステム

　SoRの領域は「データを記録することを目的にしたシステム群」ですので，購買管理，品質管理，生産管理，販売管理といった企業の基幹業務を下支えす

るシステムで構成され，ERPがその中核を担います。

　ここでは製薬業界を例にしていますので，特色のある研究開発の領域をSoR の領域として定義しています。業界によって求められる業務支援システムの領域は異なります。

図表2-9　SoRを構成するシステムの例

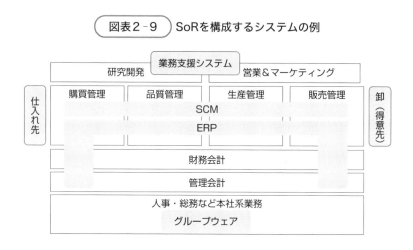

（i）ERP

　Enterprise Resource Planning（企業資源計画）とは，購買や製造，出荷などの企業がビジネスを行う際の根幹になる業務（基幹業務）に関する情報を一元管理する概念やシステムそのものを指します。基幹業務の領域を広範囲でカバーしているため，この言葉自体が「基幹システム」を指すことも多いですが，基幹システムとERPという用語は明確に分けて使用されることもあります。基幹システムは，購買管理や品質管理，生産管理，販売管理などの基幹業務ごとに独立したシステムになっており，それぞれで業務データが管理されていますが，ERPは前述のとおり，企業内の情報を一元管理するためのシステムを指します。

　クラウド（第3節で解説します）という概念が出始めた当初は，「基幹業務を支える仕組みを他所に預けるなど言語道断」というような風潮がありましたが，最近ではERPもクラウド型を導入する企業が増えています。

(ⅱ) SCM

　Supply Chain Management（供給連鎖管理）とは，モノの供給業者から最終消費者までの流れを統合的に管理することで，在庫，販売，物流などの情報を共有し，原材料や部材，製品の流通の全体最適を図るための仕組みです。

　製薬業界で例を示すと，製薬メーカーが医薬品を製造するために，医薬品の原料になる原薬や包装資材などの調達を行った後で，工場で製造を行い，完成した医薬品を医薬卸に納入後，医療機関や調剤薬局を経て患者の手元に届くというような一連のプロセスを指します。

図表2-10　製薬業界のSCM

(ⅲ) 業務支援システム

　SoRでカバーすべき業務にはさまざまなものがあります。製薬業界の例で見てみましょう。まず研究開発のフェーズでは，医薬品を上市（市場で流通している状態）する前段階では治験と呼ばれる臨床試験を実施し，医薬品の有効性と安全性を評価するための研究開発業務があります。また，医薬品の上市後の営業・マーケティングフェーズでは，一定期間，医薬品の有効性・安全性の確認と，販売前の治験で得られなかった新たな作用・副作用に関する情報収集をするためのPMS（Post Marketing Surveillance：市販後調査）と呼ばれる業務や，医薬品の販売実績を把握するために業界VAN（Value Added Network：付加価値通信網）から実消化と呼ばれる販売実績を収集し，データクリーニングや販売実績の集計をする業務などが存在します。

　これらの業務は，顧客ニーズや外部環境に左右されない普遍的な業務である

ことが多いため，各社差別化を図るための投資をする領域ではなく，クラウド
型のサービスを導入することで，よりコスト削減を図る傾向にあります。ERP
も同様ですが，**SoRの領域はシステムの老朽化に伴う回収やリプレイスとい
う後ろ向きな投資をする領域**といえます。

(ⅳ) グループウェア

　グループウェアとは，企業の組織内で社員間の情報共有を図るためのシステ
ムを指します。社員同士の情報交換やスケジュールの共有，電子メール，業務
連絡，掲示板，会議室などの施設設備予約，ワークフローなどが1つのパッケ
ージとして提供されます。

　こちらもユーザーインタフェースや使い勝手に差はあるものの，備えている
機能に大差はなく，クラウド型のサービスが好まれるなど，選定時の優先度は
導入時や維持費などのコストに置かれることが多い仕組みといえます。

(ⅴ) RPA

　深刻な労働力不足の中で，働き方改革への取組みがさまざまな産業で広まっ
てきています。SoR領域において，長時間労働の解消や業務効率化という課題
に対処するため，2017年頃からRPA（Robotic Process Automation）という仕
組みが出てきました。RPAはその名にロボットを意味する「Robotic」が含ま
れるため，稀に人間の作業を代替してくれる物理的なロボットをイメージする
方もいますが，定型業務の自動化を図るためのソフトウェアを指します。

　RPAツールによって作成された定型業務を行うためのプログラムはデジタ
ルレイバーと呼ばれ，この言葉もRPAとともによく使われています。

現場で使えるTips　RPA万能論

　AI（第3節で後述）でも同じような議論がありましたが，RPAが広まる
中で「RPAは万能ツールである」や「RPAを導入しておけばどんな業務で
もはかどる」というような，RPA神話とでも呼ぶような考えを持つ企業が

ありました。

　RPAは，基本的には事務処理（特にExcel内でデータをコピー＆ペーストしてマスタを作成する，大量の注文を社内システムに打ち込むなどの反復性の大きい定型業務）を効率化するような人間の業務をアシストする仕組みであるため，導入に際しては人間を軸に設計すべきであると思います。

　正確に作業ができる，24時間365日動き続けられる，作業のスピードが速いなど，人間を凌駕する性能がある一方で，何か問題があった時に命令があるまで動作が停止する，ルールがなければ動けないなどの弱点があるため，**導入する業務の事業における重要性などを鑑みて導入を検討すべき**です。

　また，GUIを利用してノンコーディングでプログラムを組み立てられるツールも多くありますが，複雑な処理や条件分岐などを実現する場合はプログラミング言語によってコーディングしないと実現できないこともあります。このため，**RPAの導入が手段から目的になってしまっている場合，かえって煩雑な業務が増えてしまうことにもなりかねないため，注意が必要**です。

④　SoEを構成するシステム

　SoEの領域は「顧客とのつながりを目的としたシステム群」です。製薬業界でいう顧客はMR（医薬情報担当者）のプロモーション先である医師や医療機関，その先に存在する患者ということになり，それらのプレイヤーとの接点を司るシステムがSoE領域のシステムに該当します（厳密には，製薬業界の顧客は医薬品の供給先である医薬卸になりますが，これは業界特有の商習慣ですので，ここではわかりやすく説明するために，顧客は医師や医療機関，患者としています）。

図表2‐11 SoEを構成するシステムの例

（ⅰ）SFA

Sales Force Automation（営業支援システム）とは，企業の営業活動で得られる案件情報や顧客情報，日報を社員間で共有し，営業活動の属人化の解消や企業の営業活動を可視化するための仕組みを指します。

（ⅱ）CRM

Customer Relationship Management（顧客関係管理）とは，顧客情報を全社的に一元管理するための仕組みを指します。

　顧客と長期的に良好な関係を築いて満足度を上げることを目的に導入する仕組みですので，以前は顧客のプライベートに踏み込むようなかなりセンシティブな情報まで管理している企業もありました。しかしながら，個人情報保護の兼ね合いからセンシティブな情報を企業内で抱えることは事業リスクであるという見方が大勢を占めるようになり，その手の情報は排除する流れとなり，現在に至ります。製薬業界では，MRの業務は医薬品のプロモーション業務であることからCRMが営業支援システムを指すことも多く，SFAとCRMの境界が明確でない場合もあります。

図表2−12　SFAとCRMの違い

（ⅲ）VRM

　最近ではVendor Relationship Management（VRM）という考え方があります。CRMが"売り手"が"買い手"を管理するのに対して，VRMは"買い手"が"売り手"を管理する考え方です。つまり，"買い手"＝顧客が「自分のどういう情報を，どの"売り手"＝企業に渡すか」をコントロールすることが可能となる考え方です。

　このような説明ではなかなか難しい概念のように思えますが，ヘルスケアの領域でたとえるならば，CRMが企業側から生活者に対してマーケティングなどを駆使してサービスを提供していくのに対して，VRMは生活者のスマートフォンなどで蓄積されている自分の歩数や体組成計などの情報，健診結果などの情報をどの企業に提供するかを自分自身が取捨選択し，選択された企業が求めに応じてサービスを提供するような考え方を指します。

　企業にしても個人にしても情報の取扱い方や発信の仕方に変革が起こっていますので，今後ますます注目される概念であると思います。

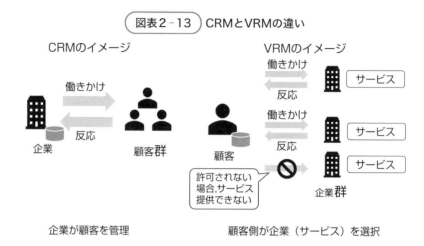

図表2-13　CRMとVRMの違い

（iv）マーケティングオートメーション

　SoEを構成する仕組みとして最後にマーケティングオートメーション（MA）について解説します。

　マーケティングオートメーションとは，企業におけるマーケティング活動で人間がコストと時間をかけながら定型業務として行っている業務を自動化する仕組みのことです。

　マーケティング後進国である日本でマーケティングオートメーションという言葉が一気に浸透した背景には，**インターネットの普及とIT技術の進化によって，顧客との接点が増え，顧客データをより利活用できる環境が整ってきた**ことが影響しているといえます。

　製薬業界においても，顧客である医師との接点を，従来の訪問や面談，説明会などの足を使ったオフラインでの活動だけでなく，医療従事者向けサイトやSNS，ダイレクトメール（DM）などのオンラインで持つことが一般的となってきています。これらを独立したチャネルとして管理するのではなく，オムニチャネル（Omni-Channel：Omniとは「あらゆる」「あまねく」という意味）型の情報提供により，**あらゆる接点を使って顧客とつながり情報発信していく仕組みの構築**を目指しています。

⑤ SoIを構成するシステム

SoIの領域は，SoEとSoRから得られた情報を組み合わせ，インサイト（Insight：洞察）を理解し，新たなインサイトを創出するための仕組みが含まれます。

SoIを構成するシステムとしてはBI（Business Intelligence）やDWH（Data WareHouse）のような仕組みが挙げられます。これらは古くからある仕組みではありますが，近年ではインターネットの普及とIT技術の進化により得られる情報がより大容量で多岐にわたるため，これらの**情報を複合的に分析し，新たな知見を得るという取組みは非常に価値のあるものになりました**。まだまだ未成熟の企業も多いため，伸びしろの大きな領域であるといえます。

図表2-14 SoIを構成するシステム例

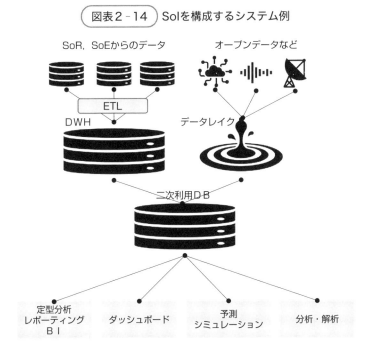

（ⅰ）DWH

　DWH（Data WareHouse）とは，直訳すると「データの倉庫」という意味になるとおり，膨大なデータを利活用するために貯めておくための仕組みを指します。DWHにデータを格納するためには，データを利活用可能な形に変換や加工をする必要があるため，ETL（Extract：抽出／Transform：変換・加工／Load：格納）と呼ばれるツールとともに導入されます。

　従来はOracleやTeradataなどに代表されるDWHを構築・運用するために必要な機能をオールインワンで搭載したアプライアンス型のDWHが主流であった時期もありましたが，この領域にもクラウド化の波が押し寄せており，AWS（Amazon Web Services），Microsoft Azure，GCP（Google Cloud Platform）が主流となっています。

　ITの世界でHadoopというオープンソースのミドルウェアが急に流行したことがあります。大規模データを効率的に分散処理するためのソフトウェアであり，こちらはDWHとは異なり，生のデータをすべて保管しておくことにより，必要なときに必要なデータをそのまま取り出すことができ自由に加工することができるデータレイクという概念になります。データレイクは，IoT（Internet Of Things）で収集されるようなセンサーのログやGPSデータ，SNSのデータなどリアルタイムに収集される多種多様なデータを扱うのが得意な技術です。

図表2-15 DWHとデータレイクの違い

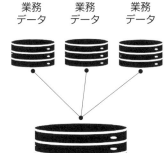

業務データ　業務データ　業務データ　　　SNS　メディア　センサー

DWH

データレイク

✓ 構造化データ
✓ 加工・整形済み
✓ 利用目的が明確
✓ ビジネス担当者が利用

✓ 非構造化データ
✓ 生データをそのままコピー
✓ 利用目的が定まっていない
✓ データサイエンティストが利用

（ⅱ）BI

　BI（Business Intelligence）とは，企業に蓄積された大量のデータを分析して，迅速な意思決定を支援する仕組みを指します。経営管理や業績管理など，定型的な分析をする業務から，マーケティング業務や予算シミュレーションなど非定型的な分析をする業務まで，BIツールが担当する業務は多岐にわたります。BIツールもまた，このような定型／非定型などの分析のスタイルに応じてツールが異なりますので，**導入する業務や用途をしっかりと見極め，ツールの選定をしていくことが非常に大切**です。

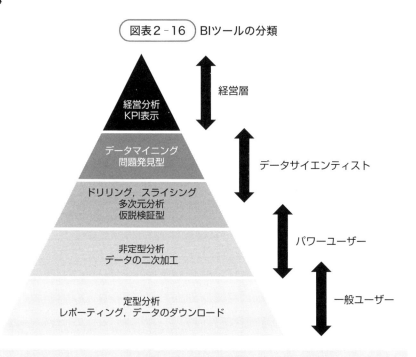

図表2-16 BIツールの分類

経営層

データサイエンティスト

パワーユーザー

一般ユーザー

経営分析
KPI表示

データマイニング
問題発見型

ドリリング，スライシング
多次元分析
仮説検証型

非定型分析
データの二次加工

定型分析
レポーティング，データのダウンロード

現場で使えるTips BI資産整理の必要性

　DWHやBIが導入されていない環境では，企業に溜まったデータを現場で活用するために，Accessのデータベース製品を試行錯誤して活用しながら作った帳票が山のように発掘されることが多くあります。新たにBIを導入しようとした際，これらの資産はこれまで業務で使っていたものですからなかなか捨てることができず，すべて移行しようという気持ちが働きます。しかし，間違いなく失敗するため，やめるのが得策です。**分析ニーズや目的に合うものを選別し，思い切って断捨離する覚悟が大事**です。

⑥　電子商取引

　電子商取引というと，私たちがAmazonなどを利用するようなeコマース（EC：Electronic Commerce）をイメージする方が多いと思いますが，ここではそのようなECそのものの解説ではなく，ビジネスモデルを考えるうえでも

非常に重要であるステークホルダー間の商取引パターンについて解説をしよう
と思います。BtoB（企業間取引）やBtoC（企業対個人取引）という言葉は聞
いたことがあるかと思いますが，最近ではシェアリングエコノミーに代表され
るCtoC（個人間取引）や，楽天などのプラットフォーマーのビジネスモデル
であるBtoBtoC（企業対BtoC企業間取引とでも呼びましょうか）などの注目度
が高くなってきています。

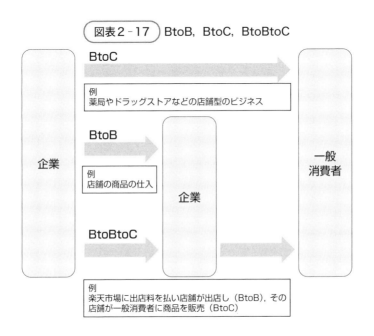

図表2 - 17　BtoB，BtoC，BtoBtoC

（3）ネットワークとセキュリティ

①　無線通信技術

　ネットワーク技術としては，ネットワーク上で端末を特定するためのMAC
アドレスやIPアドレス，ポート番号などの知識や，通信を成立させるために必
要となる各種通信機器（ハブ，リピータ，ブリッジ，ルータなど）の知識，イ
ンターネットの基礎知識などがあります。これらは情報処理技術者試験で体系
的に学習したりネットワーク関連の専門資格などもありますので，それらのプ

ログラムを活用することをお勧めします。

　Wi-FiやBluetoothの登場がノートPCやスマートフォン，それらを取り巻く周辺機器の利用形態を大きく変えたように，新たな無線技術は今後のITにとっても大きなインパクトをもたらす技術であると考えられるため，本書では無線通信技術にフォーカスを当てて解説をしようと思います。

　無線通信技術にはさまざまな規格が存在しますが，通信範囲や用途などで知識を整理しておくとよいでしょう。

（図表2-18）主要な無線通信技術

無線通信技術	用途
RFID（Radio Frequency Identifier）	商品の検品，POS
NFC（Near Field Communication）	キャッシュレス決済
Bluetooth BLE（Bluetooth Low Energy）	スマートフォンと車載機器間の通信 体温計などの医療機器や体組成計，活動量計など 医療機器，介護機器
WiFi（Wireless Fidelity）	パソコンやテレビ，スマホ，タブレット，ゲーム機などのインターネット接続
LPWA（Low Power Wide Area）	環境モニタリングやスマートメーターのように多数のIoT端末から情報を収集する用途
4G/LTE（Long Term Evolution）/5G	携帯電話の通信規格

図表2-19 無線通信技術のポジショニング

注）各技術のポジショニングを明確にするために作成しているため，速度と距離は大まかに
　　マッピングしています。

② 情報セキュリティ

情報セキュリティとは，機密性（Confidentiality）・完全性（Integrity）・可用性（Availability）を確保することと定義されており，この3要素をバランスよく維持・改善し，リスクを適切に管理するための仕組みをISMS（Information Security Management System）と呼びます。

図表2-20 情報セキュリティの3要素

3要素	意味
機密性	情報へのアクセスを認められた人だけが その情報にアクセスできる状態を確保すること
完全性	情報が破壊，改ざん，または消去されていない 状態を確保すること

可用性	情報へのアクセスを認められた人が，必要時に 中断することなく，情報にアクセスできる状態を確保すること

　ISMSは，組織における情報セキュリティを遵守するための仕組みですので，情報セキュリティ方針や規程，細則，要領，手順書などなど組織が遵守すべき文書や活動すべてが含まれます。こうした取組みを独りよがりではなく，国際規格に準拠して客観的に情報セキュリティ管理システムを有していることを認証機関に証明してもらう仕組みをISMS認証と呼びます。

　これまで述べたISMSはISOという国際規格で，情報資産すべてを保護する取組みになりますが，企業内の適切な個人情報の取扱いに焦点を当てる場合，プライバシーマーク（Pマーク）という認証制度もあります。こちらはISMSとは異なり，国際規格ではなくJIS規格ですので，日本国内でのみ適用されます。

　個人情報の取扱いに関しては，プラットフォーマーによる個人情報の収集や活用，情報銀行やPDS（Personal Data Store）といった新たなデータ流通の仕組みなど新しい潮流が生まれてきていますので，動向について把握しておくとよいでしょう。

　ISMSを遵守しながら適切な運用をしていたとしても，悪意のある主体による活動も日々多様化・巧妙化してきているため，個人・組織を問わず，いつ脅威に晒されてもおかしくない状況下にいるといえます。不幸にもセキュリティリスクが顕在化し，情報漏洩などの事件や事故につながってしまった場合，そのような事象をセキュリティインシデントと呼びます。

　セキュリティインシデントは個人だけの問題に留まらず，企業の信用低下に直結するため，絶対に起こしてはなりません。**発生した事件や事故の規模によっては，企業の存続さえも揺るがすような重大な影響を与える場合があります**ので，既知の事例から教訓を得て対策をとることが大切です。以下にIPA（独立行政法人情報処理推進機構）セキュリティセンターが2020年4月にまとめた「情報セキュリティ10大脅威　2020」より，組織における10大脅威を紹介します。こうした事例を他人事ではなく自身や自組織に当てはめて危機管理意識を高めることが大切です。

第1位	標的型攻撃による機密情報の窃取
第2位	内部不正による情報漏えい
第3位	ビジネスメール詐欺による金銭被害
第4位	サプライチェーンの弱点を悪用した攻撃
第5位	ランサムウェア^(※)による被害
第6位	予期せぬIT基盤の障害に伴う業務停止
第7位	不注意による情報漏えい
第8位	インターネット上のサービスからの個人情報の窃取
第9位	IoT機器の不正利用
第10位	サービス妨害攻撃によるサービスの停止

※ランサムウェアとは，マルウェア（不正かつ有害に動作させる意図で作成された悪意のあるソフトウェアやコード）の一種で，端末やデータへのアクセスを不可にし，復旧することと引き換えに身代金を支払うように脅迫する不正プログラム

　情報セキュリティ対策には，クリアデスクや入退室管理などの物理的な対策，不正侵入や不正アクセスの監視，アクセス権設定などの人的な対策，ファイアウォールやDMZ（DeMilitarized Zone：非武装地帯），VPN（Virtual Private Network：仮想プライベートネットワーク），ブロックチェーンといった技術的な対策など，さまざまな対策がありますが，情報処理技術者試験においても情報セキュリティスペシャリストというセキュリティの専門家のための資格が用意されていますので，そのようなプログラムで体系的に学習されるとよいでしょう。

現場で使えるTips　セキュリティインシデントの事業インパクト

　組織における10大脅威では，サイバー攻撃による情報セキュリティへの脅威が主だったものでしたが，**情報漏えいで最も多い原因はヒューマンエラー**です。個人情報や顧客情報が入ったノートパソコンやスマートフォンの「紛失・置き忘れ」や「盗難」などで情報漏えいが発生するケースです。

　会食や宴席などお酒の場でうっかり飲みすぎてしまい，帰りの電車で眠ってしまって鞄を紛失・置き忘れてしまい，最悪の結果盗まれてしまうという事故や事件を耳にします。セキュリティインシデントが発生した場合，それを起こすに至った経緯や，紛失した鞄やノートパソコン，スマートフォンに存在していた個人情報や顧客情報の洗い出し，それらの情報で影響する社内外組織の特定と顛末の報告，再発防止策の説明など，セキュリティインシデントを起こした当事者が考えていた以上に対応すべき項目があります。自分自身の行動一つで所属組織全体が対応に迫られ業務が止まり，取引先からはもちろんのこと，社会的にも信用を失墜する事態に陥りかねないという意識付けを日常から行い，予防に努めることが大切です。

（4）システム開発

　システム開発（ソフトウェア開発）において，システムの企画・設計から開発，導入，運用，保守，廃棄に至るまでという，システムが生まれてから死ぬまでの各工程をソフトウェアライフサイクル（SDLC：Software Development Life Cycle）といいます。日本版として定義したものや，IPAが発行しているソフトウェアライフサイクルにおける用語・作業内容などを規定したガイドラインである共通フレームというものも存在します。

　各開発ベンダーが独自の定義や用語で会話をしたのでは，マルチベンダーが当たり前になってきている昨今においては特にコミュニケーションロスを引き起こしますので，これらの課題を解消すべく，共通言語や物差しとしてこうした枠組みで標準化されているわけです。

　ここではSDLCを「システム企画フェーズ」「システム開発フェーズ」「システム保守・運用フェーズ」に分け，それぞれのフェーズについて解説をします。フェーズごとの解説に加え，SDLC全体をマネジメントするプロジェクトマネジメントについては，より深く解説をしたいと思います。

図表2-21　SDLCとフェージング

システム企画フェーズ	システム開発フェーズ					システム保守・運用フェーズ	
システム化計画	要件定義	基本設計	詳細設計	プログラミング	テスト	保守	運用
RFI・RFP	プロジェクト計画書 要件定義書 方式設計書	基本設計書	詳細設計書	プログラム	テスト仕様書	保守マニュアル 保守台帳	運用マニュアル

①　システム企画フェーズ

　システム企画フェーズとしては「システム化計画」の工程があります。「要件定義」を「システム化分析」という工程としてシステム企画フェーズに位置付けることもありますが，本書では理解のしやすさに鑑みて，システム企画フェーズには「システム化計画」の工程に焦点を当てています。

　この工程では，どのようなシステムが必要かというシステム化構想を具体化するために実施計画を作成します。これらの工程は（本来であれば後述する要件定義工程も含めて）超上流工程と呼ばれ，経営課題や業務課題を抽出しながらシステムによる課題解決を図るための戦略を描く重要な工程であることから，外部のコンサルティングサービスを利用しながら進めることも少なくありません。システム化計画を作成する中で，直面している経営課題や業務課題を解決する手段としてどのようなサービスやソリューションが世の中に存在するのか，ユーザー企業だけでは情報収集するには限界があります。開発ベンダーやメーカー，サービサーなどに最先端の情報提供や実績・事例などの必要情報を提供してもらいます。そのための依頼書をRFI（Request For Information：情報提供依頼書）といいます。

　システム化計画も作成され，いざシステムを開発するとなったら，担当する開発ベンダーを決定する必要があります。開発ベンダーから見積りなどを含めた提案書を提出してもらうための依頼書をRFP（Request for Proposal：提案依頼書）と呼びます。RFPは，開発ベンダーによい提案をもらうための重要な

情報伝達手段であると同時に，**ユーザー企業・開発ベンダー双方の認識齟齬や
コミュニケーションロスを防ぎ，プロジェクト全体の質を高めるためにも欠か
せないもの**であるといえます。

ITコーディネーター協会（ITCA）では，開発委託用のRFPの見本を公開し
ていますので，こうした実績や事例に基づいて作成・公開されているひな形を
見てみるとよいと思います。

② システム開発フェーズ

システム開発フェーズでは，「要件定義」「基本設計（外部設計と呼ばれるこ
ともあります）」「詳細設計（内部設計と呼ばれることもあります）」「プログラ
ミング（コーディングと呼ばれることもあります）」「テスト」という工程が含
まれます。「テスト」はさらに「単体テスト（UT：Unit Test）」「結合テスト（IT：
Integration Test）」「総合テスト（ST：System Test）」というテスト工程に分
けられます。

（ⅰ）ウォーターフォール型開発

システム開発方法論として最も一般的で古くからあるものが「ウォーターフ
ォール型開発」と呼ばれる手法です。その名のとおり，水が上流から下流に流
れるように上流工程である「要件定義」から下流工程である「テスト」までを
順番に行う開発手法です。

図表2-22　ウォーターフォール型開発

システム開発では，上流で開発したものの品質を下流で検証していきますの
で，どのテストでどの工程の品質を検証するのかを明確にすることが大切です。
このような上流と下流の工程の対応を示したモデルをV字モデルと呼びます。

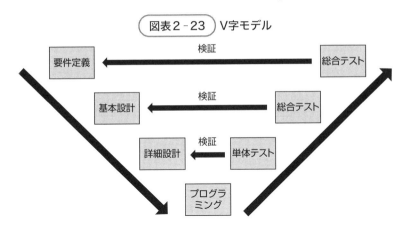

図表2‑23　V字モデル

すべてをユーザー企業の要望どおりにオーダーメイド型で開発するような「フルスクラッチ」や「スクラッチ開発」と呼ばれる手段を取った場合，自ずと開発規模が大きくなりますので，このような大規模開発においては手戻りやリスクを最小化するためにウォーターフォール型開発を採用することが多くありました。しかしながら，**昨今のビジネス環境の変化に応じて，前述したウォーターフォール型開発だけではないさまざまな開発手法が考案され，システム開発で取り入れられるシーンが増えてきています。**以下では，従来型ともいえるウォーターフォール型開発以外の代表的な開発手法を紹介します。

現場で使えるTips　ユーザーとベンダーの取引・契約モデル

　要件定義を始めとする超上流や上流など，ユーザー側の意向が色濃く出る工程において，開発ベンダー側としては完成責任が保証できない工程は準委任契約で対応するということが今では当たり前かと思います。しかし昔は，要件定義からテストまでを一括で契約するケースや，要件定義後や外部設計後に再見積りを認めないというケースがありました。これらは**開発ベンダー側が痛い目を見るだけでなく，無理をした開発を突き進めることになりますので，結果としてプロジェクトの品質・コスト・納期に影響**

を与え，ユーザー側にも損失を与えることになり，双方に不幸な結果をもたらします。

こうした不幸な状況に陥らないように，経済産業省では，「情報システムの信頼性向上のための取引慣行・契約に関する研究会」という研究会で「情報システム・モデル取引・契約書」を定義しています。準委任型と請負型の考え方などが丁寧に整理されていますので，参考にされることをお勧めします。

（ⅱ）スパイラル型開発

スパイラル型開発とは，要件定義，設計，プログラミング，テストの一通りの工程を繰り返して最終的にシステムを完成させることにより，システムの質を高めていく開発手法を指します。小さい単位で要件定義からテストを繰り返し実施していくため，計画や仕様の変更に柔軟に対応していくことが可能になるうえ，ユーザーの声を早期に開発へフィードバックできるため，手戻り工数を最小限に抑えることが可能になります。一方で，しっかりとした計画のもとで推進していかないと開発の方向性を見誤ったり，スパイラルが期限内に回りきらないなどのリスクがありますので，注意が必要です。

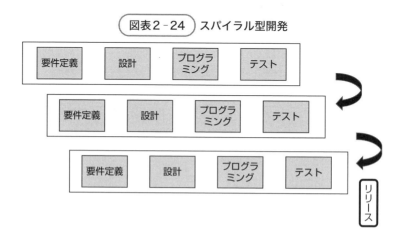

図表2-24　スパイラル型開発

（ⅲ）プロトタイプ型開発

　開発の初期の段階でプロトタイプと呼ばれる試作を作成し，ユーザーに検証してもらうことでトータルの開発工数を減らす開発手法です。実際のWeb画面やアプリのプロトタイプでなくても，表計算ソフトやプレゼンテーションソフトでモックアップと呼ばれる紙芝居のような試作を作成し，検証を進める場合もあります。

　実際に業務で使用するシステムに近いものを目にして触ることでユーザーの要求を深掘りしやすく，精度の高い要件を設計に反映することができます。このようなアプローチにより，「こんなはずではなかった」というリスクを軽減できる効果が期待できます。本来の開発工程にプロトタイプの設計・作成・確認という工程を挟みますので，大規模なシステムではより多くのプロトタイプを作成することになり，負荷が大きくなります。結果，開発効率の低下を招くこともありますので，注意が必要です。

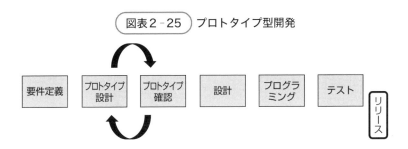

図表2-25　プロトタイプ型開発

（ⅳ）アジャイル型開発

　アジャイルという言葉がシステム開発現場で使用されることも増えてきましたので，聞いたことがある方は多いと思います。本来，アジャイルには「俊敏な」や「素早い」という意味があります。その言葉どおり，システムを小さな単位に分割し，小さな単位での開発をイテレーション（反復・繰り返しの意味）しながらシステムを拡張していきます。非常にスピーディに開発・リリースをすることができますので，スマートフォンアプリの開発やサービスの開発で要件が多岐にわたるなど変化の大きい領域に向いている開発といえます。

　アジャイル開発は1つの開発手法を指しているのではなく，前述のようなスピーディな開発手法全般を指します。具体的な開発手法としては「スクラム」や「エクストリームプログラミング（XP）」などが代表的な手法です。

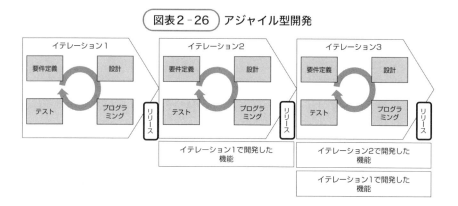

図表2-26　アジャイル型開発

③　システム保守・運用フェーズ

　システム保守・運用フェーズは，開発したシステムのアフターフォローのフェーズです。「システム保守」と「システム運用」がありますが，これらが混同してしまうケースもありますので，それぞれの定義について解説をしたいと思います。

（ⅰ）システム保守
　システム保守は，トラブル対応やシステムに対する変更依頼や機能改善，ユーザーからの問い合わせ対応などの非定型的な業務が主な業務になります。

（ⅱ）システム運用
　日々の業務に必要なシステム環境を継続して提供するために，システムの稼働状況を確認したり，システム障害へ迅速に対応したり，いわゆる定型的な業務が主な業務になります。

　システム保守やシステム運用に携わっていると，ITIL（アイティルと読み

ます）という言葉を耳にすると思います。ITILとは，「Information Technology Infrastructure Library 」の略で，ITサービスマネジメントにおけるベストプラクティス（成功事例）をまとめた書籍群を指し，システムの運用管理ではデファクトスタンダートとなっている世界標準のガイドラインです。ITILにはサービスライフサイクルという重要な5つのプロセスがあります。

サービス・ストラテジ	：ITサービス提供の戦略立案
サービス・デザイン	：サービスの品質を維持する仕組みの設計
サービス・トランジション	：本番運用へ導入するための手段や方法
サービス・オペレーション	：ITサービスを提供する方法
継続的なサービス改善	：プロセスの継続的な改善のための手法

図表2‐27　ITILの5つのプロセス（サービスライフサイクル）

・財務管理
・需要管理
・サービスポートフォリオ管理
・事業関係管理

サービス・ストラテジ（サービス戦略）

サービス・デザイン（サービスの設計）

・サービスカタログ管理
・可用性管理
・キャパシティ管理
・ITサービス継続性管理
・サービスレベル管理
・デザインコーディネーション
・情報セキュリティ管理
・サプライヤー管理

継続的なサービス改善

・イベント管理
・要求実現，問題管理
・アクセス管理
・サービスデスク
・技術管理
・IT運用管理
・アプリケーション管理

サービス・オペレーション（サービスの運用）

サービス・トランジション（サービスの移行）

・移行の計画立案およびサポート
・変更管理
・サービス資産および構成管理
・リリースおよび展開管理
・サービスの妥当性確認およびテスト
・変更の評価
・ナレッジ管理

　ITILについても非常に多くの書籍が出ています。取っつきにくい言葉や考え方もありますが，マンガでわかりやすく解説されている書籍もありますので，そのような書籍も活用しながら自身の理解を深めていただければと思います。
　ITILは複数の書籍で構成されたベストプラクティス集ですので，何から手

をつければよいか悩むと思います。資格取得については，まずはファンデーションを学習されるのがよいと思います。ITILを学習することで体系的な知識が習得できますが，**システムの運用においては，自身の対応した結果がもたらす結果を想像し予測する能力がシステムの質を左右します**。第5章で触れているコンセプチュアルスキルの能力が大切になりますので，そちらも併わせて参考にしてください。

④　プロジェクトマネジメント

　プロジェクトとは「目的達成や新しいものを考えるうえで行う計画や組織，業務」を指します。システムの領域でいえば，もちろんシステム開発はこのプロジェクトに該当することとなりますが，何もプロジェクトマネジメントはシステム開発だけのものではありません。特定テーマに対する社内の検討チームもプロジェクトですし，産学連携の共同研究もプロジェクトに該当します。このようなプロジェクトを円滑に進めるための管理を「プロジェクトマネジメント」と呼び，その業務を統括する役割を「プロジェクトマネジャー」と呼びます。

　プロジェクトマネジメントを理解するには，PMBOK（Project Management Body of Knowledge；ピンボックと読みます）というプロジェクトマネジメントの知識を体系化した国際的なガイドを知ることから始めるとよいと思います。

　PMBOKではプロジェクトマネジメントのプロセスと，プロジェクトにおいて管理する対象を知識エリアとしてそれぞれ定義しています（図表2-28）。

　プロジェクトマネジャーとしてより高みを目指す場合，PMP（Project Management Professional：ピーエムピーと読みます）というアメリカ合衆国の非営利団体が主催している国際資格や，日本では情報処理技術者試験においてもプロジェクトマネージャ試験が存在するので，いずれかに挑戦するとよいでしょう。PMBOKを踏まえたプロジェクトマネジメント全体について体系的に学べることになるので，お勧めします。

図表2-28　PMBOKにおける5つのプロセスと10の知識エリア

	立ち上げ	計画	実行	管理	終結・評価
統合管理		プロジェクト計画の策定	プロジェクト計画の実行	変更管理の統合	
スコープ管理	プロジェクト立ち上げ	スコープ計画 スコープ定義		成果物の検収 スコープ変更管理	
スケジュール管理		作業の定義 作業順序の設定 所要時間見積り スケジュール作成		スケジュール管理	
コスト管理		資源計画 コスト見積り 予算策定		コスト管理	
品質管理		品質計画	品質保証	品質管理	
組織・要員管理		組織計画 要員調達・確保	体制構築		
コミュニケーション管理		コミュニケーション計画	情報の配布	進捗管理	プロジェクト完了手続き
リスク管理		リスク管理計画 リスクの定義 リスクの定性評価 リスクの定量評価 リスク対策立案		リスク管理	
外注管理		調達計画	提案依頼 発注選定 契約管理		契約の完了
ステークホルダー管理	ステークホルダー特定	ステークホルダーマネジメント計画	ステアリングコミッティの開催	ステークホルダーとの関係性の監視	

第3節 DXの基本知識・基本技術

（1）DXを実現するための4つのキーテクノロジー

　さまざまな企業がDXに必要なITテクノロジーの定義をしていますが，呼び方に違いはあれども，分類の仕方はおおむね一致しています。

　本章では，「第3のプラットフォーム」という言葉を用いて「クラウド」「モビリティ」「ビッグデータ／アナリティクス」「ソーシャル技術」の4つのキー

テクノロジーが今後のプラットフォームの基礎になると説明しているIDC
Japan株式会社の定義を用います。

図表2-29　プラットフォームの変遷

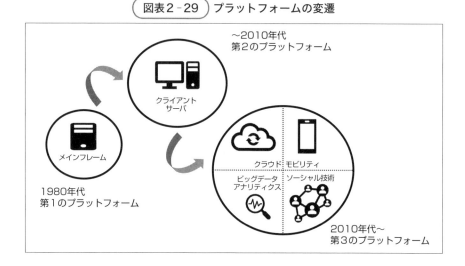

以降では4つのキーテクノロジーそれぞれについて，DX時代に必要な基本
知識・基本技術として解説をします。

① クラウド

　ネットワークを通じてサービスなどのITリソースを提供する仕組みを指し
ます。非常に使い勝手のよいSaaS（サース：Software as a Service）が業務領
域別に多く提供されているため，企業においても**SoRを始めとする業務シス
テムでSaaSの導入が主流となっており，自社でITリソースを抱え込み，自社
運用するオンプレミス（オンプレと略して呼ぶことも多い）でシステムを導入
する機会は減ってきています。**

　上記はソフトウェアについての説明ですが，プラットフォームの機能をサー
ビスとして提供するPaaS（パース：Platform as a Service）や，サーバなどの
インフラをサービスとして提供するIaaS（イアースまたはアイアース：
Infrastructure as a Service）などもあります。このように，何かしらのIT資

源をネットワークを通じたサービスとして提供することをXaaS（ザース：X as a Service）といい，Xの部分にはさまざまな言葉が当てはめられ，アルファベットのA 〜 Zのほぼすべてに何かしらの単語が当てはめられています（キリがないのでここでは紹介しません）。

図表2‐30　SaaS，PaaS，IaaS

（ⅰ）IoT（Internet Of Things）

　IoTとは「Internet Of Things」の略で，「モノのインターネット」を指します。住宅でいうと家電や端末などの「モノ」がネットワークに接続され，相互に情報をやり取りするためのシステムです。IoTデータは温度や湿度，気圧などの環境のデータや，GPSなどの位置データ，加速度や個人のバイタルなどの生体信号など多岐にわたります。クラウド技術の発展により，これらのIoT機器から発信されるデータを取得・集約できるようになりました。

②　モビリティ

　モビリティは「動きやすさ」や「可動性」など「移動」を意味する英語ですが，ITの世界では交通や通信など幅広い領域で用いられています。さまざまな定義がありますが，本書ではモビリティの重要な要素であるモバイルとxR（エックスアール，またはクロスリアリティ），MaaS（マース：Mobility as a

Service）について解説をしたいと思います。

（i）モバイル

　身近に溢れているため最もイメージしやすい概念かと思いますが，スマートフォンやタブレット端末，ノートパソコン，ウェアラブルデバイスなど，持ち歩きが可能な小型のコンピュータを指します。モバイルは非常に高い普及率と使用率を維持しており，サービス提供・データ収集という両面において生活者との接点となります。先に説明した**BtoCやBtoBtoCのビジネスが爆発的に普及した背景には，モバイル技術の進化がある**といえます。

　通信技術についても革新は続いており，執筆している2020年は5Gの年ですが，Beyond 5Gということで，より高度化された通信技術が議論されています。ここまで来ると，現在常識で考えられている概念が通用しなくなり，今とはまったく異なる社会になるのだと思います。

（ii）xR

　xRとは「エックスアール」または「クロスリアリティ」と読み，VR（Virtual Reality：仮想現実）やAR（Augmented Reality：拡張現実），MR（Mixed Reality：複合現実）といった仮想空間技術や空間拡張技術の総称です。

　それぞれ概念は異なりますが，共通項としてはヘッドマウント型のディスプレイを装着し，現実世界＋αの情報を得ます。**時間と空間を越えたサービスを実現できるということで注目が集まっています。**

　ヘッドマウント型ディスプレイの小型化も進んでおり，生活の中で装着しても違和感のない大きさのデバイスも登場してきているため，一気に普及する可能性を秘めていると思います。

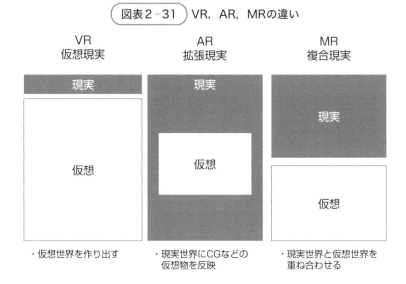

図表2-31　VR，AR，MRの違い

VR
仮想現実

AR
拡張現実

MR
複合現実

現実

仮想

・仮想世界を作り出す

現実

仮想

・現実世界にCGなどの
　仮想物を反映

現実

仮想

・現実世界と仮想世界を
　重ね合わせる

現場で使えるTips　新技術活用時の留意点

　ヘッドマウント型ディスプレイの技術革新スピードは速く，一般消費者の間でも普及しつつありますが，これを装着して画面を見ていると，乗り物酔いに似た「VR酔い」にかかりやすいことが報告されています。こうした新しい技術を普及させようとした場合，**その技術に対する適切な理解とユーザーに対する配慮は，これまで以上に気を付けるポイントである**といえそうです。

（ⅲ）MaaS（Mobility as a Service）

　IT技術によってバスや電車，タクシーなどの交通手段をサービス化し，移動に関する機能やサービスをシームレスにつなぐ概念です。先駆けのサービスとしてはUberが有名ですが，Uberに続く配車サービスやUber Eatsなどのフードデリバリー，カーシェア・自転車シェアなど続々と新しいビジネスモデルやサービスが出てきています。まだまだ法規制も多く，物流などには大きく変

革の波が到来していないため，非常にポテンシャルの高い領域であると思います。

2020年に流行した新型コロナウイルスによる外出規制で一気に戦国時代に突入したフードデリバリーは，連日ニュースでも取り上げられています。先に説明したとおり，**技術の進化がサービスを生み出しやすい環境を下支えしており，社会の変化によってすぐに新たなサービスが登場し，それが新たな市場を形成するという流れが昨今の特徴である**といえると思います。従来以上に他社とどのように差別化を図るのかが重要であるといえます。

③ ビッグデータ／アナリティクス

ビッグデータという言葉はあちこちで使われるようになり，アナリティクスの概念の1つであるAIとともに，まるで魔法の箱のように考えられていることも少なくありません。それぞれ，どのような概念であるか解説をしたいと思います。

（ⅰ）ビッグデータ

ビッグデータという言葉をウェブなどで検索してみると，「巨大（テラバイトやペタバイト，エクサバイト）で複雑なデータの集合」というような表現をされていたりしますので，その名のとおり受け止めてしまうのも無理はないのかもしれません。ビッグデータとはどのようなデータなのかについては，米ガートナーが「Volume：データ量」「Velocity：データ速度」「Variety：データ範囲」の頭文字を取った「3V」という考え方を提唱しています。

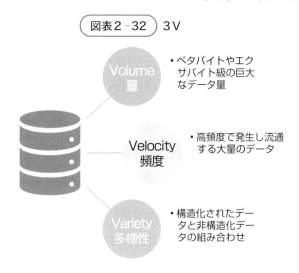

図表2-32　3V

Volume
量
・ペタバイトやエクサバイト級の巨大なデータ量

Velocity
頻度
・高頻度で発生し流通する大量のデータ

Variety
多様性
・構造化されたデータと非構造化データの組み合わせ

（ⅱ）アナリティクス

　アナリティクスとは「分析すること」を指します。単にアナリティクスではなく「データアナリティクス」と呼ばれることも多く，手法としては単なるピボット集計から統計解析など多岐にわたり，ツールとしては先に解説をしたBIツールなどが使われます。ビッグデータの到来により，従来のアナリティクスとは異なる，AI（Artificial Intelligence：人工知能）を活用したアナリティクスが注目されており，事例も多く出てきています。

　AIは「人間の知能そのものをコンピュータ上で実現したもの，または人間が知能を使って行うことをコンピュータで実行するもの」です。AIを支える技術にはさまざまなものがありますが，代表的なのは機械学習（ML：Machine Learning），深層学習（DL：Deep Learning），強化学習（RL：Reinforcement Learning）などで，ビッグデータで最も活用が進んでいるのは機械学習（ML）といえるでしょう。機械学習（ML）は既知データの特徴に基づく予測をする技術ですが，この既知データの鮮度や精度，粒度が改善されるのに十分な量がビッグデータにより収集されるようになったというわけです。

図表2‑33　機械学習（ML）のイメージ

データ　　　　学習

傾向のモデル化
と
未来の予測

集約
グループ化

関連性の高い
組み合わせの発見

現場で使えるTips　ビッグデータ／アナリティクスの取組み方

　ビッグデータ／アナリティクスを実業務の中で導入しようとする際，明確な分析目的がなく，データをがむしゃらに集め，集めた後に何をするか考える（もしくは部下に成果を出すように指示をする）シーンが多く見られます。非常に手間や労力，コストもかかる取組みになりますので，**仮説検証型でスモールスタートで立ち上げる**ことが成功の秘訣といえます。

④　ソーシャル技術

　ソーシャル技術とは，ネットワークを通じて不特定多数のユーザー同士がつながりを持ち，情報の発信や共有などのコミュニケーションができるサービスや技術を指します。FacebookやTwitter，LINEなどがソーシャルサービスに分類されます。サービスが出始めた当初はユーザー同士をつなぐサービスの印象が強かったですが，インフルエンサーと呼ばれる他のユーザーの購買意思決定に大きな影響を与えるユーザーを戦略的にマーケティングに活用する「インフルエンサーマーケティング」を企業が活用し始めており，ビジネスにおいても必須の技術となっています。子どものなりたい職業にも名を連ねるようになったYouTuber（ユーチューバー）も，インフルエンサーの一種です。

現場で使えるTips リモートワークにおけるITの活用

　2020年のコロナ禍の働き方として，在宅によるリモートワークが急速に広まっています。これまで対面で行っていた会議はオンライン会議に切り替わり，社内環境に対してリモート接続するなど，デジタルオフィスを下支えする環境は整いつつあります。ニューノーマル時代の働き方としてリモートワークが受け入れられ，そのメリットを享受している一方で，コミュニケーションに関する根深い課題はデメリットとして存在しています。**対面ではちょっとした会話や相談の中で感情の変化を読み取ることができましたが，オンラインではそれらが難しく，コミュニケーションロスを誘引している**といえます。

　このような課題に対して，チャット形式で気軽にコミュニケーションを取ったり，特定の発言に対してメッセージではなく簡易応答するための仕掛けなどを備えた社内SNSは非常に有効であると思います。1対1のコミュニケーションはもちろんですが，特定のプロジェクトやテーマ単位で複数人をグループ化し，そのグループでオンライン会議やファイル共有をしたりなど業務に必要な機能は一通り備わっているため，**これらのソーシャル技術を従来のグループウェアとうまく使い分けることがニューノーマル時代の働き方には必要だと思います。**

（2）DXによる社会の変革

① ユーザーエクスペリエンス

　ユーザーエクスペリエンスとは「UX」と略されることも多く，「ユーザー経験」や「ユーザー体験」を指す言葉です。似たような考え方や言葉に「ユーザビリティ」や「ユーザーインターフェース（UI）」がありますが，図表2-34のような違いがあります。

（図表2‐34）ユーザビリティ，UI，UXの違い

用語	意 味
ユーザビリティ	・「特定の利用状況において，特定のユーザによって，ある製品が，指定された目標を達成するために用いられる際の，有効さ，効率，ユーザの満足度の度合い」(ISO 9241-11) ・つまりは「使いやすさ」や「使い勝手」を指します。
ユーザーインターフェース（UI）	・「機械，特にコンピュータとその機械の利用者（通常は人間）の間での情報をやりとりするためのインタフェースである」（ウィキペディアより） ・スマートフォンでたとえるなら，アプリのデザインそのものや画像，ボタン，アイコンなどスマートフォンを人間が使うためのつなぎの部分になるもの全般を指します。
ユーザーエクスペリエンス（UX）	・「人工物（製品，システム，サービスなど）の利用を通じてユーザーが得る経験である」（ウィキペディアより） ・「ユーザー経験」や「ユーザー体験」を指す言葉であり，つまりはユーザーに対して生活の中で心地よく楽しく感動の提供を実現する考え方であり，UX実現の手段としてユーザビリティやUIが包含されているといえます。

現場で使えるTips UXの必要性

　社内向けのビジネスシステムやBtoBのシステムでは，以前から一定レベルのユーザビリティやUIが求められていましたが，昨今のビジネスモデルの変化により，BtoBtoCやBtoCのビジネスとして一般消費者に対するサービスやアプリを開発するプロジェクトに携わる可能性は増えてきていると思います。スマートフォンの普及など技術の向上により一般消費者に対してさまざまなサービスやアプリが提供され，**一般消費者もサービスやアプリに対する目も肥えてきているため，このような領域におけるUXの思想は必須であるといえます。**

　開発プロジェクトにおいて，UXは「UXデザイナー」という職種が担当することになります。ユーザーの声を高感度で吸い上げて高速に開発に反映するような進め方が必要になるため，外部の専門会社にすべてを任せきりにするのではなく，育成なども視野に入れ，**自社でUXデザイナーを内製していくことが，社会に受け入れられるサービスを開発するうえでは重要**

であると思います。

② X-Tech

　X-Tech（クロステック）とは，IT技術と既存の産業をかけ合わせることで新たな製品やサービス，ビジネスモデルなどの価値や仕組みを創出する取組みを指します。このような取組みが急速に進む背景には，これまでIT化が進まなかった産業や領域に「DXを実現するための４つのキーワード」で説明したような新たな技術・ビジネスモデルが積極的に持ち込まれるようになったことがあるといえます。

図表２-35　X-Techの例

③ オープンイノベーション

　本章の冒頭ではDXについて触れましたが，このようなイノベーションを起こす取組みは１社単独では推進が難しい場合が多くあります。社外（産＝他社・官＝国や自治体・学＝大学などのアカデミア）の技術やアイディアと連携し，イノベーションを起こす取組みをオープンイノベーションと呼びます。**イノベーションを起こすためには既存事業と新規事業を「両利きの経営」によってバランスよく推進する必要がありますが**，企業規模が大きければ大きいほど既存ビジネスや組織の制限や常識の壁に阻まれたり，事業創造型人材の育成やアサ

イン・新技術の創出などを継続的にかつスピーディに推進するには限界があることから、オープンイノベーションを採用する企業が増えてきており、注目度が高まっています。

（図表2-36）オープンイノベーションを阻む課題

阻害要素	分類	課題・阻害要因
組織戦略	外部連携するか否かの判断基準	判断基準が明確化されていない 外部連携が全社的な取組みとなっていない
	対外的な情報発信	経営トップのコミットメントが不十分
組織のオペレーション	専門組織	専門組織が設置されていない・機能していない
	外部連携先の探索	従来の手段に頼っており、新たな仕組みを活用できていない
	国内の組織と外部連携する場合の課題	適当な連携先が見つけられない 費用分担や知財の取扱いで合意できない 協業で目指すところやスピード感が合わない
ソフト面の要素	推進する仕組みの問題点・課題	人員や予算が課題となっている 研究開発部門の理解や、外部連携先の探索が難しい
	オープンイノベーションを推進するにあたっての阻害要因	マインド面が課題となっている（担当者の自前意識が強い） そのうえで、プロセスやリソースが課題となっている（予算確保、意思決定スピードなど）

出典：NEDO「オープンイノベーション白書　第二版」を参考に作成

現場で使えるTips　オープンイノベーションを推進する際のポイント

　オープンイノベーションを進めるうえで、既存ビジネスを推進しながら事業創造を両輪で実行することは非常に難しいと思います。筆者は、事業創造するフィールドを大手企業2社がジョイントベンチャー（JV）を設立し、そこに出向することで得ることができました。いわゆる出島を形成し、**マインドやスピード感はスタートアップ企業、リソースは大企業という、いいとこ取りの環境を構築することでオープンイノベーションの効果を最大**

限に享受することができました。

　オープンイノベーションの推進は環境が非常に重要ですが，環境だけで
は成功は難しく，人材が成功を左右します。事業創造型の人材のコアスキ
ルとして第5章で解説しているコンセプチュアルスキルがありますので，
そちらの解説もご覧ください。

④　新しい価値提供モデル

　これまでは個人においても企業においても「モノを所有する」ことが前提で
あったものが，「サービスを利用する」ことが主流になりつつあります。背景
には，通信技術や通信形態の多様化に伴い，サービス事業者間同士や個人同士
が場所や時間の制約を越えて出会いやすくなったことや，提供されるサービス
自身の信頼性やセキュリティが利用するに耐えうるレベルに到達したことがあ
るでしょう。

(ⅰ) シェアリングエコノミー

　総務省が発表している情報通信白書によると，「典型的には個人が保有する
遊休資産（スキルのような無形のものも含む）の貸出しを仲介するサービス」
（『平成27年版　情報通信白書』（総務省）より）と定義されています。「個人」
とありますが，もちろん「企業」が主語になることもあり，企業間ビジネスで
も利用が進んでいます。また，一般社団法人シェアリングエコノミー協会の定
義によると，シェアリングエコノミーはその遊休資産の種類によって，「空間」
「モノ」「移動」「スキル」「お金」の5つに分類されます。

図表2‐37　シェアリングエコノミーの分類

	遊休資産の種類	シェアリングの例
シェア ×	空間	ホテルや民宿の部屋，会議室，店舗etc
シェア ×	モノ	不要品売買，高級ブランドetc
シェア ×	移動	タクシー配車，自転車貸出しetc
シェア ×	スキル	高度な業務知識，家事・育児etc
シェア ×	お金	クラウドファンディング

（ⅱ）サブスクリプション

　2019年には「サブスク」という略語が流行語大賞にもノミネートされました
が，サブスクリプションというビジネスモデルが世の中に定着しつつあります。
サブスクリプションとは，商品自体の購入金額を支払うのではなく，一定期間
の利用権に対して利用料を支払うサービスの利用形態を指します。この概念が
出始めの頃はソフトウェアの世界において，いわゆる買い切りではなく，ライ
センスを月額利用するという利用形態が主でしたが，現在ではソフトウェアに
限定せず，あらゆる産業においてサブスクリプションが取り入れられ，生活の
中においても浸透しつつあります。

図表2‐38　従来型販売モデルとサブスクリプションの違い

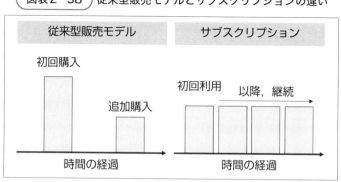

（ⅲ）APIエコノミー

　生活者や顧客ニーズが多様化する中で，1つのプラットフォームやサービスを単一の企業で作り上げるには限界が生じています。こうした中，もともとは生物学の用語ですが，**ITの世界においても「エコシステム」という考え方を取り入れ，サービス提供会社同士がお互いの技術やリソースを活かし，協業しながらプラットフォームやサービスを創出するケースが多く見られるようになりました。**

　API（Application Programming Interface）とは，プログラムを連携させるための仕組みとして従来から存在していますが，こうしたエコシステム形成においても活用されるようになり，APIエコノミーという言葉が生まれています。APIエコノミーを活用した事例としては，○○Payを展開しているいわゆる決済事業者や通信事業者はスーパーアプリ（統合アプリ）戦略を打ち出しており，生活者が利用するサービスの主流になってくると考えられます。

図表2-39　ヘルスケア領域におけるスーパーアプリの例

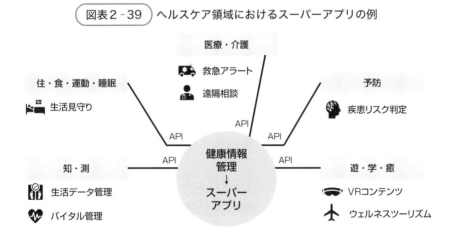

⑤　スマートシティ

　スマートフォンに代表されるように「スマート○○」という言葉を目にする機会が多くなってきています。本来，「スマート」とは「賢い・気の利いた，こざっぱりした」のような意味を持ちますが，**ITの領域においては「コンピュ**

ータ化された」とか「高度な情報処理機能が付加された」というような意味合いで用いられることが多いです。

　スマートシティは少子高齢化や人口減少，災害などの社会課題先進国である日本において，政府も力を入れて推進している領域であり，「先進的技術の活用により，都市や地域の機能やサービスを効率化・高度化し，各種の課題の解決を図るとともに，快適性や利便性を含めた新たな価値を創出する取組」（「スマートシティ官民連携プラットフォーム」による定義）を指し，前述した産官学のオープンイノベーションによる取組みがされています。スマートシティに必要不可欠な概念に「都市OS」という概念があります。都市OSとは，その都市のエネルギーや交通インフラ，医療・介護・教育などの生活者の膨大なデータを収集・蓄積・分析し利活用するためのIoTプラットフォームを指します。

　この考え方に住民の参加や規制改革をプラスした産官学民の取組みとして，スーパーシティ構想があります。こちらはIT技術を軸にしたスマートシティとは異なり，住民が参加することでより具体的な社会課題解決に向けた取組みがされることになり，私たち生活者の暮らし方に変革をもたらすことにつながります。内閣府では，社会課題解決を目指す領域を10の分野で定義をしており，10分野のうち5分野以上で，社会実装を目指しています。

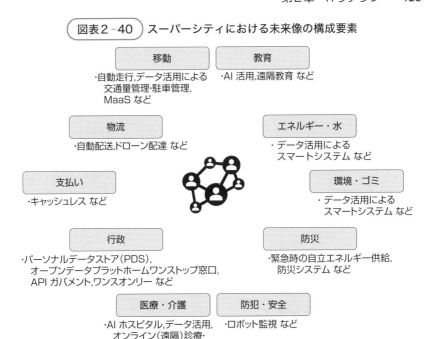

図表2‑40　スーパーシティにおける未来像の構成要素

移動
・自動走行,データ活用による
　交通量管理·駐車管理,
　MaaS など

教育
・AI 活用,遠隔教育 など

物流
・自動配送,ドローン配達 など

エネルギー・水
・ データ活用による
　スマートシステム など

支払い
・キャッシュレス など

環境・ゴミ
・ データ活用による
　スマートシステム など

行政
・パーソナルデータストア(PDS),
　オープンデータプラットホームワンストップ窓口,
　API ガバメント,ワンスオンリー など

防災
・緊急時の自立エネルギー供給,
　防災システム など

医療・介護
・AI ホスピタル,データ活用,
　オンライン(遠隔)診療·
　医薬品配達 など

防犯・安全
・ロボット監視 など

出典：内閣府「「スーパーシティ」構想の実現に向けた有識者懇談会」を参考に作成

第4節 ▌ 担当業務におけるITリテラシーの活用

　第2節，第3節は知識ベースでの解説をしてきましたが，第4節では，ローワー層からミドル層が実際の業務で陥りやすい課題に対して，本章で目標としているITリテラシーや実務における勘所やセンスを発揮した結果，どのような効果が出るものなのかを模擬体験していただけるように，一部，複数企業で実際に目にした実例をもとにケーススタディとして紹介します。

図表2-41 ITリテラシーや実務における勘所やセンスを発揮した例

	フェーズ	シーン	人物像
(1)	システムの運用・保守	業務部門との関係性が悪く，疲弊している情報システム部が，高いITリテラシーによって戦略的な情報システム部に変革した例	情報システム部Aさん
(2)	システムの導入	マネジメントと現場の温度差が大きく，前向きな投資や開発に踏み切れなかった企業が，高いITリテラシーによってDX企業として変革した例	情報システム部Bさん
(3)	システムの企画・提案	トップダウンによるDXの大号令に振り回されDXが停滞している企業が，高いITリテラシーによって新規創造の文化を醸成した例	企画営業部Cさん

（1）システムの運用・保守におけるITリテラシーの活用

① 直面していた組織の課題

　Aさんはユーザー企業の情報システム部に所属しており，既存システムの運用・保守をするチームのリーダーを任されています。日々の業務は，毎日何かしら発生する目先の障害やトラブル対応，ユーザーからのクレーム処理に追われ，全社から寄せられる改善要望や新たなシステムの企画など，**前向きな対応には到底手が回らない状況が慢性的になっていました**。Aさんのチームも含め，**情報システム部全体に重たい空気が蔓延し，退職者や異動者が絶えないなど組織としても疲弊している状態**でした。

② ITリテラシーを発揮したシーン

　Aさんは，まずは自身で学習し習得したITILの知識を活用し，システムマップの作成や業務一覧の作成，業務時間の見える化など徹底的に業務の整理を行いました。その後，その活動を促進させるべく昨今のクラウドベースの安価なプロジェクト管理やタスク管理ができるツールを導入し，手付かずとなってしまっていた改善要望や障害などの対応項目を一元管理し，優先順位付けや原因の切り分けなどの整理に着手しました。どうしても**障害を起こさないという対応に目がいきがちですが，障害は必ず発生するものという立ち位置に立ち，発**

生してしまった際にいかに上手く立ち回るかを重視しています。

　活動の結果，**対応が後手に回って問題の火消しや顚末の社内説明を行うといった悪循環で余計に手間や時間が取られていた問題が解消**され，時間的余裕が生まれています。自社では手に負えない専門性の高い対応項目（例えば高度なネットワークやインフラ知識が必要な項目など）は外部の専門家に任せることで抜本的な対策を行いました。障害発生時にインパクトが甚大なのはネットワークやインフラの障害であり，経営層に向けた顚末や対策の報告をするのはAさんの役割であったため，外部の専門家はユーザーが理解しやすくユーザーに寄り添ってくれるという点を重視して調達をしています。

　これまでモグラ叩きの如く対応していた厄介な問題を外部の専門家に託すことで，創出できた時間はユーザーに対して向けることができ，結果，FAQやチャットボットの整備や，ユーザーに対するヒアリングを実施することで提案型の対応をするなど，ユーザーとの信頼関係回復につながっています。

③　効　果

　手を打つまでは負のスパイラルが永遠と回り続けていた組織が，Aさんの持つITリテラシーによって変革し，結果，**目先の対応だけでなく業務に必要なシステム環境の整備という前向きな対応を駆動的にできるようになっています**。

　同業他社のレベルから見ても最低水準であった組織が同業他社の平均を大きく上回るレベルに底上げされ，既存システムの運用・保守だけでなく，新領域・新テーマのシステムの対応にチャレンジできるようになっていることは非常に評価されるべきことであり，このような**高いITリテラシーを発揮する人材がいる組織は周りにその影響が伝播していきますので，組織自体が強くなります**。

　コロナ禍での働き方の変革への対応についても，それに伴う社内環境の整備など誰もが経験したことのない状況にもかかわらず，この組織はどの業界のどの企業よりも先に対策を打つことができました。Aさんはこれらの活動が評価され，マネジャーとして後進育成に努めています。

（２）システムの導入におけるITリテラシーの活用

①　直面していた組織の課題

　Bさんは，ユーザー企業の情報システム部に所属し，新規テーマの開発を担当するチームのリーダーです。現場では同業他社との交流で得た情報や業務部門からの要望などから新しい開発テーマを定め，**経営層を説得しながら予算や人材を始めとするリソースを獲得するために日々奔走**しています。

　非常に保守的な経営陣であるため，経営層へ説明したとしても大抵は「費用対効果が薄い」「時期尚早だ」などの理由で却下されてしまい，**現場の意思決定に関する裁量のなさやマネジメントと現場の温度差に頭を悩ませています。**

②　ITリテラシーを発揮したシーン

　Bさんは社外との交流も多く，コンサルタントや開発ベンダーのノウハウ，同業他社の最新事例などに常にアンテナを張り，情報収集に努めていました。自社の経営陣がどのようなシステムでも同じ物差しで意思決定をしようとしてしまうため，社内システムや開発テーマをSoR/SoE/SoIに分類し，**投資すべき領域とすべきでない領域を明確にし，SoRは守りの領域としてクラウドの積極利用による費用対効果の向上に努め，SoEやSoIは攻めの領域として積極投資をすべきとメリハリを効かせた社内提案を実施，**経営陣の理解を得ることができました。

③　効　果

　SoEとして新たに投資し立ち上げたプロジェクトにRPAのプロジェクトがあり，社内の業務効率化につながった先進的なDX事例になったのはもちろんのこと，自社で培ったノウハウや実績を同業他社向けにソリューション化し，Bさん自身がソリューションオーナーとして外販するまでになっています。

　Bさんは情報システム部員としての評価だけでなく，新規ソリューション立ち上げの能力も認められ，新たなフィールドでマネジャーとして業務に携わっています。

（3）超上流フェーズにおけるITリテラシーの活用

①　直面していた組織の課題

　Cさんはユーザー企業の企画営業部に所属しており，管掌する役員経由で日々経営トップから寄せられる「DXを実現しろ」「新規事業を生み出せ」というプレッシャーに頭を悩ませています。

　Cさんだけでなく組織としても発破をかけられている状況ですが，**凝り固まった組織の中ではDXや新規事業の種が出るはずもなく，日々言い訳と社内でのアイデア募集やスタートアップが集うイベントなどに参加をし，活動はしていますという表面的な活動に終始するという慢性的な課題**の状態にあります。

②　ITリテラシーを発揮したシーン

　Cさんが事業創造系の書籍やイベント，すでに事業企画実績のある知人から情報収集する中で，Google Venturesが実践しているデザインスプリントという方法論を見つけました。よい方法論であることは理解しつつも，前述の課題を抱えている組織では適用が難しいと考え，まずはスモールスタートで実践するために本来は5日間程度で実施するデザインスプリントを1日コースで実施し，かつアイデアソンの要素をかけ合わせた独自の手法を考えつきます。次に，社内の購買・研究開発・製造・営業とあらゆる部署の若手や社外の思いつく限りの知人に声をかけ，経営層も巻き込む形でイベントを立ち上げます。

　イベントでは**業務や業界の垣根を越えたグループ分けがなされ，それぞれのグループで最新技術×業務テーマでアイデア創出がされ，複数の事業企画が立ち上がりました。**

③　効　果

　事業企画が創出され，PoCや事業化に結び付いた事業創造としての効果はもちろん，Cさんが前述のイベントを実施したことで**社内に事業創造の機運が高まり，企画営業部との連携依頼や企画営業部以外の部門でスタートアップとの接触を始めるなど組織の活性化**につながっています。

　Cさん自身も従来は営業職であったものが，事業企画職という新たな能力が

開花することで社内外から高い評価を獲得し，先進的なイノベーターとして活躍をしています。

Column2　プロジェクトの炎上フラグを感じ取ろう

　システムの導入や開発プロジェクトにおいて，**プロジェクトの失敗につながるリスクがゼロのプロジェクトは存在しません**。プロジェクトを成功に導くためにはプロジェクトに潜んでいるリスクに早く気付き，リスクによる影響を最小限にする対策をすべきです。

　プロジェクトが炎上し，結果失敗につながってしまうケースを筆者自身も経験しながら見てきた中で感じたことは，その**原因や背景はどれも真新しいものはなく，どれも似通った，パターン化されたものである**ということです。

　特に本書のターゲットとしているミドル層への転換期に差し掛かっている方は，さまざまなプロジェクトの責任者やリーダーとしてプロジェクトを任される立場や，プロジェクトマネジメントを切り盛りすることもあると思います。

　ここでは，過去の事例から得られた教訓を自身の業務に照らし合わせることでリスク顕在化の兆候，いわゆるプロジェクトの炎上フラグを早期に発見し，プロジェクトを成功裡につなげていただければ幸いです。ITの事例で説明していますが，ITに限らずどのプロジェクトでも活用できる教訓が得られると思います。

プロジェクト炎上フラグ①　過去実績や経験の過大評価

　システム導入時の規模を算出する際，過去の類似のプロジェクト実績や経験を参考に見積りを実施することは多いでしょう。

　もちろん，過去の実績や経験を活かし，見積りの精度を向上させるような取組みは有効ですし積極的に取り入れるべきと思いますが，**過去実績や経験値を妄信することは避けるべき**と思います。完全に一致するシステムやプロジェクトはありません。例えば古いシステム環境から新しいシステム環境へ引っ越すマイグレーションのプロジェクトで現行の資産の量や深さをしっかりと分析せずに，過去のパターンから機械的に規模を算出してしまったり，開発の生産性を算出する際に過去実績をもとに過度な生産性向上の係数をかけてしまったりというミスが挙げられると思います。

　ユーザー企業側も開発ベンダー側も見積額を小さくしたいと思うがために，このような幻想に取りつかれてしまうことがありますが，**過去実績や経験が期待どおりに作用するほうが稀であるという考え方をすべき**だと思います。

プロジェクト炎上フラグ②　「何とかなるだろう」の精神

　プロジェクトでは，課題が発生したりリスクが顕在化したりさまざまな予期せぬことが起こりますので，必ずしも予定どおりに進むものではありません。プロジェクトリーダーやマネジャーの立場にいる方は「進捗不振は悪である」と考える方も多いため，常にこのプレッシャーと戦っています。もちろん，予定どおりに進めることは大切ですし，その心構えは重要ですが，**あまりにも強すぎる責任感は時には大きな問題を誘引してしまいます。**

　スケジュールを遵守しなくてはいけないという**責任感の強さが仇となってしまい，課題やリスクの兆候を看過したまま，先に進めることを優先してしまう**ことがあります。課題やリスクは，放置すればするほどプロジェクトに与える影響の範囲や大きさが大きくなってしまうため，場合によっては**プロジェクトを止める勇気を持つことが大切**です。

プロジェクト炎上フラグ③　曖昧なRFPと丸投げ体質

　システムを導入する側としてユーザー企業に接していると，内容の薄いRFPやシステムの構想・仕様など重要な要素を外部のベンダーに丸投げするような当事者意識のないユーザー企業に遭遇することがあります。

　こうしたユーザー企業とのプロジェクトは，どんなに開発ベンダー側が優秀であっても失敗する可能性が高いと思います。このようなプロジェクトの場合，要件に関しては「現行業務どおり」，テストの合格基準も「業務が回ること」などシステム開発で目指すべきゴールや合格基準が曖昧になります。結果，誰も正解を持ち合わせていないため議論も空中戦になり，終わりのないテストをひたすら繰り返したり，納品されたシステムの受入れがいつまでたっても終わらずに不毛な押し問答が続くことになります。

　すべての関係者が，明確に定義した役割分担のもとで，当事者意識を持ちながら業務に携わることが重要であると思います。

第 3 章

法務リテラシー

第1節 ┃ 管理職に求められる基礎的な法務リテラシー

（1）法務部門でなくても法務リテラシーが必要とされる理由

　"法務に関しては法務部の担当だから，事業部門の自分は法務に関して知識がなくても大丈夫だろう"

　このように考える方がいるかもしれません。社内に「法務部」や「法務室」があれば，確かにその部署が法務業務を担います。しかし，事業部門であっても法務リテラシーを有している必要があります。

　具体例を挙げましょう。営業部門のAさんは，営業活動が実を結び新規取引先を獲得しました。取引相手から契約を締結しましょうと言われて，相手方の契約書ひな型を受け取りました。Aさんの会社では，多くの会社と同じく，契約書を締結するには法務部の事前確認が社内手続き上必要です。Aさんはさっそく，メールで法務部門に契約書案のチェックを依頼しました。

　「お疲れ様です。株式会社▲▲との契約書を添付します。ご確認をお願いします。」

　このとき，Aさんは何か説明を付け加えなくてよいでしょうか。法務部門はAさんが担当しているこの案件をよく知らないはずです。また，Aさん自身が契約書案に目を通して，気になったこと等を伝えてなくてよいでしょうか。もし，相手方との交渉で約束したことがあれば，契約書案に書かれているかどうかを確認しておく必要はありそうです。

　契約書は両当事者を拘束します（後ほど説明します）。そのため，契約条件の有利不利の問題はもとより，**ビジネスの実態を契約書に反映させておく必要**があります。相手の担当者と話していたことと違う内容が書かれていれば，それを修正するように相手方と交渉しなければなりません。

　Aさんは，法務部門に案件の内容や背景を伝え，また，契約書の懸念点を伝えます。法務部門はAさんの説明のほかに聞きたいことがあれば質問します。Aさんは追加の説明をします。それを踏まえて，法務部門が見解を出します。

取引先の原案で問題ないと回答する場合もありますが，法務部門と事業部門が修正案をともに検討する場合もあります。

　契約書案をどう修正するのかは，当該案件のルールをどのようなものにするのかを決めておくことだと考えています。とりあえず契約書案を法務部門に投げておけば，適切な回答が返ってくるという単純な図式にはなりません。定型化された取引内容は別ですが，**事業部門と法務部門との双方向のコミュニケーションが必要**となります（図表3-1参照）。

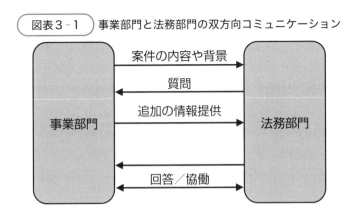

図表3-1　事業部門と法務部門の双方向コミュニケーション

案件の内容や背景

質問

追加の情報提供

事業部門　　法務部門

回答／協働

　こうした法務部門との協働において充実したやり取りができるように，事業部門にも法務リテラシーが求められています。自部署の案件を統括する管理職は，とりわけ法務リテラシーを身につける必要性が高いといえます。法務部門からの回答をただもらうだけでなく，「○○の点は当部門ではこのように考えていますが法務見解はどうですか？」という問いかけをして，法務部門とディスカッションができれば有意義です。

（2）協働とはいっても……

　（1）で，事業部門と法務部門は協働する必要があると述べました。しかし，世間ではこんな声を耳にします。

　"法務部門はリスク，リスクと言ってすぐに止めようとするが，リスクを気

にしていては何もできないではないか"

"法務部門に相談するのって何だか気が引ける"

"法務部門は何をやっているのかわからない"

法務部門への不信感や近寄りがたさの原因は各社でさまざまあると思いますので，ここでそれを究明することは割愛します。

ただ，筆者は，法務部門との協働にやや心理的な抵抗を感じる方にも，ぜひ法務リテラシーを身につけていただきたいと考えています。多くの企業が取引に際して法務的な観点から検討を加えているのは，ビジネスの計画段階からその実現可能性を検討し，障害となりうるマイナスのリスクを認識してあらかじめ対処しておかないと，いざ市場に出す段階で法規制があることが判明したり，市場に出したものの手戻りが発生したりする事態になってしまうからです。これでは競争力以前の問題であり，ビジネスが進まないといいながら，自らがビジネスを後退させていることになります。

事業部門としての視点とは別に，法務リテラシーを身につけて法務的な視点からビジネスを見ることができれば，今後のステップアップにも必ず役立ちます。

（3）法務リテラシーとは

法務リテラシーは，「法務知識」と「法務スキル」の2つから成ると考えています。

「法務知識」は，文字どおり，法務に関する知識です。例えば，契約書に関する基本的な知識や個別の法令に関する知識がこれに該当します。本章の第2節および第3節で説明しています。事業部門の方々が，法務部門に契約書の審査依頼をしたり法務相談をしたりする際に知っておくと法務部門とのやり取りがスムーズに進むようなもののうち，基本的かつ実務に登場することが多いと考えられるものを中心に選びました。単に知識の紹介にとどまらず，法務部門への契約書審査依頼や相談の前に，事業部門で確認しておいてほしいポイントという切り口でも説明しています。法務部門では妥当性や適切性を判断しかねる場合があるためです。法務知識は小難しいという印象を少しでも和らげるた

めに，具体的な記述を心がけています。

　「法務スキル」は，基本的な法務知識を適切に使いこなせる能力やそのための思考方法です。法務知識を持っていることも大切ですが，その活用の仕方を知らなければ宝の持ち腐れです。法務スキルは，法務部門との協働の際に役立つだけではありません。管理職が自身の上司に相談・報告するとき（場合によっては経営層に報告するとき），部下に対して案件をアサインするとき，取引先と交渉するときにも，発揮することが期待されています。また，各場面に共通する法務スキルもあります。詳しくは，第4節において説明します。

　法務知識と法務スキルを概観すると，図表3−2のとおりとなります。

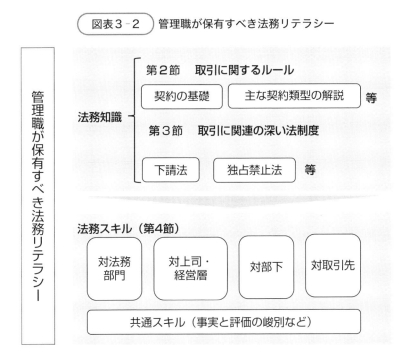

図表3−2　管理職が保有すべき法務リテラシー

第2節 | 取引に関するルール

（1）契約の基礎

① 契約書を締結する意味

"契約「書」を作成しなくても，契約は成立する"

何かで聞いた記憶がある方もいるのではないでしょうか。契約書という書面を作成しなくても，当事者間で意思表示が合致していれば契約は成立します。

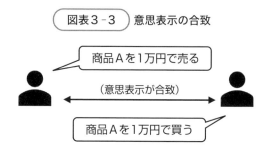

図表3-3 意思表示の合致

商品Aを1万円で売る

（意思表示が合致）

商品Aを1万円で買う

　一部の例外（保証人になる契約等）を除いて，契約書という書面を作成することは必要とされていません。口約束でも電子メールでも契約は成立します。

　それにもかかわらず，契約締結の際に書面を作成する理由は，当事者間でどのような内容が合意されたのかについて**証拠を残し，将来の紛争を予防するため**です。紛争の予防とは，万が一，裁判になったときの証拠とするという意味があるほか，取引条件に関してお互い認識の相違が生じたときは，契約書をベースに協議して，**話し合いによる解決の指針**とすることができるという意味もあります。

　取引相手とこれまでトラブルになったことがなければ，契約書面を作成しようという気持ちになりにくいかもしれません。取引相手と良好な関係を築けていれば，揉め事が大きくなる前に収めることができるでしょう。しかし，ふとしたきっかけで急に紛争は生じます。担当者が変わったとか，災害等による経

済的な打撃により従来の条件では採算が合わなくなった等の理由からです。契約書面を作成しておかないと，見積書や請求書，メールや電話で話したときのメモ等，あちこちに点在した手掛かりをもとにどのような合意をしていたのかを確認しなければならなくなり，手間がかかります。何より，本当にその内容で合意していたのかがお互いにとって明確ではありません。せっかく自社に有利に取引条件を設定できていても，"言った・言わない"の争いの末に，反故にされてしまうかもしれません。

　もし，契約書を締結していない案件で少しでも気がかりに思うものがあれば，今からでも契約書を締結しておきましょう。

> **現場で使えるTips　契約書の管理**
>
> 　契約書面を作成するのは，証拠としての機能を重視するからです。
>
> 　証拠としての契約書は，いざというときすぐに確認できる必要があります。そのため，締結した契約書を保管しておくこと，どこに保管したのか記録しておくこと，過去の契約書を見たいときにスムーズに見られることが重要です。
>
> 　2020年のコロナ禍で在宅勤務が広まりました。その際，契約書管理のあり方を見直した企業も多いと聞きます。会社によって，契約書管理のあり方は異なりますが，自部署の案件の契約書の原本が適切に管理されているか，在宅勤務時でも契約書にアクセスできるかという観点から，契約書管理のあり方を見直してみてはいかがでしょうか。

②　契約の拘束力

　企業間の取引では，契約は担当者間の約束ではなく，会社同士の約束となります。両方の会社が契約に拘束される結果，約束を反故にされた場合には，裁判所に訴えを提起して，相手方に約束した内容を強制的に実現させたり，その代わりに損害を賠償させたりすることができます。自社の権利を相手方に履行させることができる反面，自社が相手に対して義務を果たさなければならない

ことになります。

　契約書の内容が十分に特定されていないと，言い換えれば，権利および義務の内容が曖昧であれば，救済を受けられないおそれがあります。単に契約書を締結するだけではなく，内容を慎重に吟味・検討することが重要です。

③　契約自由の原則

　契約の締結に関して，契約自由の原則という考え方があります。具体的には図表3-4の4つを自由に決めることができるというものです。

図表3-4　契約自由の原則

（ⅰ）契約をするかしないか（契約締結の自由）
（ⅱ）誰と契約をするのか（相手方選択の自由）
（ⅲ）どのような内容を取り決めるか（内容の自由）
（ⅳ）どのような方式で契約するか（方式の自由）

　（ⅰ）契約を締結するかどうかは自由です。例えば，契約交渉において，相手の提示する条件次第では最終的にその相手と取引しなくてもよいと考えて臨むことがあります。また，自社が取引上優位な立場であることを背景に，自社に都合のよい条件を提示したとしても，相手に取引を強制することはできません。

　（ⅱ）誰と契約を締結するかは自由です。業務の外注や原材料の購買の際に，相見積りを取得して業者を選定することを思い浮かべてください。

　（ⅲ）どのような内容を取り決めるかは自由です。当事者は契約内容を自由に決めることができます。だからこそ，ビジネスの実態に即して，その案件で明確にしておきたいことや，相手に約束してほしいこと等を盛り込むように交渉しましょう。契約書はビジネスそのものといっても過言ではありません。

　（ⅳ）どのような方式で契約するかは自由です。書面で締結しなくてもよく，あらゆる取引で契約書面を作成することは求められませんが，紛争を予防するという観点から契約書面を作成したほうがよいことはすでに述べたとおりです。

④　法律と異なる合意ができるか

　当事者は契約で内容を自由に決めることができます。しかし，いくら自由とはいっても一定の制約があります。極端な例を挙げますが，犯罪行為に加担するような合意は無効です。

　法令には任意規定と強行規定があり，当事者は任意規定と異なる合意ができますが，強行規定に反する合意はできません。

図表3-5　任意規定と強行規定

任意規定	当事者はこれと異なる合意ができる
強行規定	当事者はこれと異なる合意ができない

　例えば，建設工事の契約書には，工事代金の支払時期を，着工時，中間時，竣工時，検収時に分割して支払うことを定めているものがあります。仮に，建設工事の契約書（請負契約。後ほど説明します）に，工事代金の支払時期が何も定められていなければ，民法の請負契約のルールが適用され，引渡しと同時に工事代金全額を支払うことになります。民法の請負契約の報酬に関するルールが任意規定であることから，当事者がこれと異なる合意をすればそれが適用されるのです。

　他方，下請法や独占禁止法は強行規定とされています。当事者がこれらに違反する内容を契約で定めても無効です。

⑤　複数の契約（基本契約と個別契約）

　同一の取引相手との間で，複数の契約書が締結される場合があります。例えば，取引基本契約を締結したうえで個別契約や覚書を締結する場合，あるいは，取引基本契約を締結したうえでそれに基づき当事者が注文書と注文請書をやり取りすることで個別契約が成立する場合です。このような場合は，その相手方との取引ルールの全体像は，取引基本契約と個別契約の両方を確認しなければわかりません。

　具体的に見ましょう。X社がY社に対して印刷物の印刷加工を委託する取引

が継続的に行われています。Ｘ社とＹ社は，取引基本契約書を締結して，個別の印刷加工取引（具体的な各回の受発注）に共通する条件，その相手方との印刷加工取引全般に関する条件，個別契約で合意する項目（各回の受発注で何について取り決めなければならないか）を決めておきます。個別契約では，加工内容，数量，納期，代金等を具体的に特定して合意します。

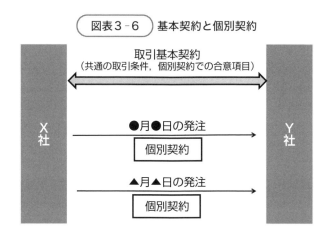

図表3－6 基本契約と個別契約

現場で使えるTips 基本と個別はどちらが優先？

　基本契約には，基本契約と個別契約の内容が矛盾したときにどちらが優先するのかがよく定められています。個別契約の優先を定めるものが多い印象で，これは文字どおり個別的な内容を定めているからでしょう。

　一見，問題ないように思えますが，個別契約の締結方法によっては注意が必要です。例えば，相手方が指定した書式の注文書や申込書を使用しなければならず，そこに取引条件が記載されている場合です。また，個別契約をメールのやり取りで成立させる場合に，せっかく基本契約で定めていた内容が後日のメールによって上書き変更されてしまうことがあります。

　基本契約の内容を確認する際は，個別契約の締結方法を踏まえて，両者の優先関係を検討する必要があります。

（2）売買契約

①　概　要

　売買契約は，売主が物を売って，買主がその代金を支払うという取引です。例えば，メーカーが商品を販売する取引です。売買契約によって，売主は物を引き渡す義務を，買主は代金を支払う義務をそれぞれ負います。

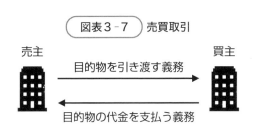

図表3‐7　売買取引

売主　　目的物を引き渡す義務　　買主

目的物の代金を支払う義務

②　事業部門でチェックしてほしい主要な項目

　売買契約は，「売ります」「買います」という内容で，図表3‐7のように義務が発生しますが，あわせて種々の取引条件が定められます。

　法務部門に売買契約書の審査依頼をする場合，事業部門で確認してもらいたい項目の一例を挙げると，図表3‐8のとおりとなります。

図表3‐8　売買取引で事業部門がチェックする項目

目的物 （売買の対象）	目的物が特定されているか （品番，品名，包装形態，数量，仕様，品質，性能等）
引渡方法	いつまでに・どこで・どのように引き渡すのか 納品時の検査方法・検査基準
代金の支払条件	支払期限，代金をどう支払うか，請求書の発行実務

③　納品・受入検査・検収

　商品の売買契約では，売主が買主に商品を引き渡すことを納品と表現するも

のが多いです。そして，買主が商品を受け取る際に，外観に問題がないか，数量不足がないか，所定の仕様を満たすか等を検査（受入検査ともいいます）するのが通常です。買主が受入検査をして合格したものを受け入れることを検収といいます。検収，受入検査，納品とさかのぼってみてみると，納品は，商品が買主の領域あるいはテリトリーに入るイメージということもできます。

契約では，売主から買主に商品が渡る過程を細かく定めます。実務上問題がないか，対応できるかという観点から確認しましょう。

なお，売買契約だけでなく，目的物の引渡しを要する契約でも同じような用語が使われます。

④　契約不適合責任

売主は，買主に対して，契約の内容どおりの物を引き渡す義務を負っています。売主が契約の内容（種類・品質・数量）に適合しない物を引き渡したときは，契約上の義務に違反したことになります。このとき，買主は，民法上，売主に対して図表3‐9の請求ができます（売主の契約不適合責任）。責任追及できる期間には制限があり，契約でも制限することが多い印象です。

図表3‐9　買主が売主に対して追及できる契約不適合責任のメニュー

・商品の修理，代替物の引渡し，不足分の引渡し 　（契約の内容に適合するように追加でいずれかの作為を請求できる）
・損害賠償請求権
・契約解除
・代金減額請求権

契約内容に適合しているかどうかは，契約書の内容や取引慣行をもとに判断します。**実際の取引の目的や背景，目的物に関して特に重視している内容や性質等があれば，契約書に定めるようにしましょう。**

なお，以前は，瑕疵担保責任と呼ばれていました。商品の「瑕疵」とは不具合や欠陥といった意味です。

契約不適合責任は請負契約にも適用されます。

⑤　危険負担

　契約書によく登場する意味の危険負担と，民法上の危険負担とは意味合いが異なるのですが，前者（契約によく登場する意味の危険負担）について説明します。

　「検収完了前までに生じた商品の滅失，毀損その他の損害は，売主が負担し，検収完了後に生じた商品の滅失，毀損その他の損害は，買主が負担する」という条項は，商品がどちらの支配下にあるかという観点から，**商品が滅失・毀損した場合の費用負担者**を決めています。つまり，「検収完了」の前と後で分けて考えることとし，検収完了前は売主の支配下にあるため売主が，検収完了後は買主の支配下にあるため買主が費用を負担すると考えるのです。

（3）請負契約と準委任契約の区別

①　業務委託契約書とは

　企業間では，「業務委託契約書」というタイトルの契約書が数多く締結されています。業務委託契約は，法的にみると**請負契約か準委任契約かのいずれか，またはその混合形態**です。請負であるか準委任であるかによって，受託者の義務の内容やルールが変わります。そのため，事業部門の方も両者の違いを知ったうえで契約書を読んだほうが内容を正確に理解できます。

　以下では，まず請負契約と準委任契約の違いを説明したうえで，その後に各契約について詳説します。

　ここで，準委任契約の「準」が何なのかが気になる方もいると思います。委任契約が，法律行為の委託を内容とするのに対し，準委任契約は法律行為以外の事実行為の委託を内容とします。その点が異なるだけで同じルールが適用されますので，委任か準委任かの違いはあまり気にしなくてよいでしょう。

②　請負と準委任

　請負契約は，請負人が仕事を完成させることを約束し，注文者がその仕事の

結果に対して報酬（請負代金）を支払うことを約束する契約です。**請負人は，仕事の完成義務を負います**。言い換えると，契約で引き受けた仕事の結果が実現することを保証します。

　これに対し，準委任契約は，受任者が委任者から委託された事務処理をするという契約です。**受任者は，頼まれた事務を処理するために合理的な注意を尽くす義務があります**。受任者のこの義務を善管注意義務といいます。注意義務の程度は，自分と同じ属性（従事する職業，社会的地位，技能・経験等）の平均的な人が基準になります。

　請負か準委任か，すなわち，受託者が仕事を完成させる義務を負うのか，合理的な注意を尽くして事務処理をする義務を負うのかは，求められる作業の実態面等から決まります。契約書に「本契約は準委任契約とする」という一文が入っていることをもって，法的性質がそのとおりになるわけではありません。両者の違いについてイメージを持ってもらうために，いくつか例を挙げます（図表3-10参照）。

図表3-10　請負契約と準委任契約の具体例

	請負契約	準委任契約
受託側の義務内容	仕事の完成義務　結果の実現保証	合理的な注意を尽くして事務を処理する義務
具体例（準委任には委任も含みます）	・建物の設計，建設工事 ・物の製造委託 ・物品の運送 ・音楽の演奏，講演依頼	・医師による患者の診療 ・弁護士への案件処理の委託 ・コンサルタント業務の委託 ・会社と取締役との関係

（4）請負契約

① 概　要

　請負人が仕事の完成義務（結果の実現保証）を負い，注文者が報酬（請負代金）を支払う義務を負うという契約です。

　報酬（請負代金）の支払時期は，民法上は，目的物の引渡しと同時か，引渡しを要しない場合は後払いとされています。しかし，任意規定のところでも述べましたが，特約等で取決めがされていればそれによります。建築請負工事契約では，例えば，着工時，中間時，竣工時，検収時の4回に分けて支払うことが合意されていることが多くあります。

②　事業部門でチェックしてほしい主要な項目

　請負契約において事業部門が確認しておきたいポイントは，図表3-11のとおりです。

（図表3-11）　請負取引で事業部門がチェックする項目

請負人の義務内容	成果物の内容，仕様，性能 （実際の成果物が契約に適合しているか否かは契約不適合責任を追及できるかどうかに関わります）
対価	・対価に知的財産権の譲渡対価等を含むか ・分割払いか一括払いか 　（成果物と対価との結び付きが弱ければ，請負ではなく準委任とみるべき可能性もあります） ・支払方法，支払期限 　（下請法が適用される場合は，給付受領日から60日以内とする必要があります）
検収	合格判定の方法と時期，不合格時の通知
成果の帰属 知的財産権の帰属	・（とりわけ知的財産権が生じるものは）成果がどちらに帰属するか ・対価の支払いを条件に注文者に成果が帰属するか

③　契約不適合責任，危険負担

　売買契約の箇所で説明しましたが，請負契約においても契約不適合責任が適用されます。また，物の引渡しを伴う場合は，危険負担の条項が契約書によく入っています。

（5）準委任契約

① 概　要

　受任者が委任者に対して合理的な注意を払って事務処理をし，委任者がそれに対して対価を支払う，という契約です。民法上は無報酬の委任も規定されていますが，ビジネスに登場する契約書は報酬ありの場合がほとんどです。

　受任者が仕事を完成させることや一定の成果物を生み出すことは必須ではありません。

② 事業部門でチェックしてほしい主要な項目

　準委任契約において事業部門が確認しておきたいポイントは，図表3-12のとおりです。

図表3-12　準委任契約で事業部門がチェックする項目

事務処理の内容	具体的な事務処理の内容，期間，工数（例えば何人月といった仕事量に関する指標等），関与してほしい特定の人物がいるか
対価	対価に知的財産権の譲渡対価等を含むか，対価に諸経費を含むか，分割払いか一括払いか，支払方法，支払期限
報告頻度	中間報告，委託者が要求する都度必要か，最終報告書の記載事項
再委託	再委託を許容するか

③ 準委任契約における具体的な義務内容

　準委任契約では，受任者が，成果物を完成させる義務を負うわけではありません。最終報告書は成果物というよりは完了報告という位置付けです。ただ，準委任契約においても，義務内容を明確にして曖昧さを排除しておくことで，委任者は期待どおりの事務処理を受けられますし，受任者にとっても義務を履行したかどうかの説明責任を果たしやすくなります。

そのため，事務処理の具体的内容，業務範囲はどこまでか，追加の報酬が発生する業務はないか，事務処理のための前提状況，事務処理の品質レベル等，取引の実態に即して契約書に記載しておくのがよいといえます。

④ 各当事者がいつでも解除できること

委任契約・準委任契約は，民法上，各当事者がいつでも一方的に解除できます（任意解除権といいます）。やむを得ない事由がないのに，相手方に不利な時期に解除した場合は，解除した者が損害賠償責任を負いますが，一方的に契約を終了させることができるのです。

任意解除権は契約で放棄することもできます。当該取引において，任意解除権を持っておくか，放棄するのかは検討しておくとよいでしょう。

現場で使えるTips システム（ソフトウェア）開発における契約類型

第2章で，情報システム開発における契約の考え方（準委任か請負か）について触れました。ここでは，IPAと経済産業省から出ている「情報システム・モデル取引・契約書」に基づいてもう少し詳しく説明します。ご自身の業務でシステム開発に携わる可能性が低い方も，請負と準委任を判別する頭の体操だと思って読んでみてください。

◆ウォーターフォール型

開発プロセスが，システム化計画，要件定義，基本設計，詳細設計，テスト等と細かく分けて進められます。システム化計画と要件定義の工程では，ユーザー側の業務要件がまだ具体的に確定しておらず，成果物が具体的に特定できないことから，請負にはなじまず，準委任が適切です。基本設計以降の工程は，準委任と請負の両方がありえます。業務に着手する前の段階でベンダーにとって成果物の内容が具体的に特定できる場合には請負になじみます。

◆アジャイル型

開発プロセスの中で，開発する機能の追加・変更がなされ，その優先順

位も変動します。当初は開発予定となっていた機能も，ビジネス環境の変化やユーザー側のニーズの変化に応じて開発対象から外されることがあります。こうした特徴から，あらかじめ内容が特定された成果物を予定どおりに完成させるという請負よりは，ベンダーが専門家として注意義務を果たしながら開発を遂行するという準委任になじみやすいといえます。

（6）販売店契約・代理店契約

① 販売店契約と代理店契約

　メーカーが商品を顧客に直接販売するのではなく，販売チャネルを有する事業者（以下「中間業者」）に顧客への販売活動を行ってもらう場合があります。その際の取引スキームとして，販売店契約と代理店契約の大きく2通りが考えられます。契約書によっては，特約店契約や取次店契約といった名称が使われる場合もありますが，性質の異なる契約類型が2つあることを押さえましょう。

　販売店契約は，メーカーから中間業者（販売店）が商品を買い受け，中間業者（販売店）が顧客に販売するというものです。売買取引が2回行われます。顧客は販売店から買っています。他方，代理店契約は，メーカーが中間業者（代理店）に販売を委託（委任契約）して，中間業者（代理店）がメーカーの代理人として，顧客に商品を販売するというものです。顧客はメーカーから買っています。

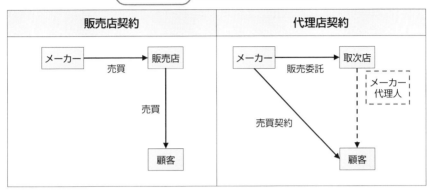

図表3‐13　販売店契約と代理店契約

　販売店契約における販売店の利益は，メーカーから商品を仕入れた価格と顧客への転売価格との差です。販売店は顧客への販売価格を自ら設定できますので仕入価格を安く，転売価格を高く設定できれば利益は上がりやすくなります。ただ，販売店は先にメーカーから商品を買い取りますので，在庫を抱えることになります（販売店と顧客との売買取引成立を条件に，メーカーから商品を直送する取決めをすれば在庫を抱えなくて済みますが，交渉次第です）。また，顧客からの代金回収リスクは販売店が負うことになります。

　代理店契約では，代理店はメーカーの代理人であり，売買契約はメーカーと顧客との間で成立します。代理人は，在庫を抱えるリスクも代金回収リスクも負いません。代理店の利益は，メーカーから商品の販売数量等に応じて支払われる販売手数料です。

　以上のことを表にまとめると図表3‐14のとおりとなります。2つの契約の特徴を押さえて自社に合ったほうを選択しましょう。

図表3-14 販売店契約と代理店契約のそれぞれの特徴

	販売店契約	代理店契約
メーカーと中間業者との取引関係	売買	委任
顧客への販売主体	販売店	メーカー
利益・報酬	転売利益	販売手数料
在庫・代金回収リスクの負担	販売店	メーカー

② 独占権の付与と購入義務

　販売店契約，代理店契約いずれにおいても，独占的な地位が付与されることがあります。販売店契約でいえば，自社のほかには販売店が指定されず，自社が唯一の販売店となる地位です。

　競争相手がいないことは販売店にとってメリットがありますが，多くの場合，独占的な地位と引き換えに条件や負担も課されることが多いです。例えば，販売地域の制限が課される，定期的に一定量の購入義務を課される等です。また，一定期間における売上等のノルマが課せられ，それに到達しないと独占権を剥奪する条件が課されることもあります。

③ 再販売価格の拘束

　本来，メーカーは卸売店や販売店に販売すればよく，その先の，卸売店と顧客との売買取引に干渉・介入することは考えなくてよいはずです。しかし，値下げ販売をする業者が現れて市場全体で小売価格が下落してしまうこと等を避ける狙いから，メーカーが，卸売店から顧客への販売価格（再販売価格といいます）をコントロールすることがあります。

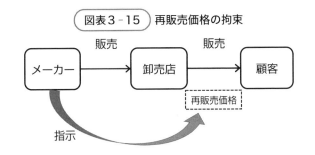

図表3-15　再販売価格の拘束

　メーカーが卸売店に対して再販売価格を指示したりすること（再販売価格の拘束）は独占禁止法で**原則として違法**とされています。特定の価格を守らせることだけでなく，価格の下限を決めて守らせたり，価格の幅を決めてその中で価格設定させたりすることも，規制の対象です。また，「希望小売価格」「推奨価格」「標準価格」として価格を伝える場合でも，価格を守るように強制している実態があれば違法となります。純粋に希望や推奨だけを伝えていて，価格を守るように強制していないのであれば問題ありませんが，価格を伝える際は慎重を期しましょう。

　再販売価格を拘束することがメーカーと卸売店との契約で定められていなくても，卸売店がメーカーの指示に従わない場合に経済上の不利益（供給の停止，販促支援を受けられない等）が課されたり，示唆されたりするのであれば，規制の対象となります。

　なお，顧客からメーカーに対して再販売価格の要望があり，その要望どおりの価格を卸売店に指示したのであれば，問題ありません。当該顧客との関係では，実質的にメーカーが直接顧客に販売したのと同じだからです。

（7）秘密保持契約

①　概　要

　新規取引を検討するために，両当事者が互いに自社の秘密情報を開示し合うことから，相手から開示された秘密情報を秘密に取り扱う義務を負い，また，目的外利用をしない旨についても約束するという契約です。

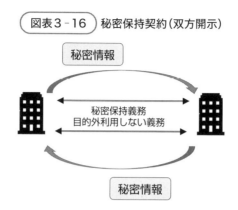

図表3-16　秘密保持契約（双方開示）

秘密情報

秘密保持義務
目的外利用しない義務

秘密情報

　図表3-16は，双方が秘密情報を開示する場合です。このほか，一方当事者のみが相手方に義務を負うケースもあり，義務を負う側が秘密保持誓約書を相手に提出します。

　秘密情報を受け取った側（受領者）は，秘密情報を開示した側（開示者）に対して，秘密保持義務を負います。具体的には，受領者が秘密情報を注意して管理すること，開示者の事前の承諾なく第三者に開示しないことです。また，受領者は，開示者に対して目的外利用をしない義務も負います。次で述べる“目的”は，目的外利用をしない義務の範囲を決めるうえで重要です。

② 事業部門でチェックしてほしい主要な項目

　自社の立場が開示側，受領側，その両方のいずれなのかについて確認してください。そして，**何の目的で，どんな情報を出すのか（もらうのか）**を確認します。目的の書き振りは重要です。うまく言語化できないときには法務部門の意見をもらってもよいでしょう。やり取りする秘密情報と秘密情報の定義が合っているか，秘密情報を開示する際に“極秘”“CONFIDENTIAL”といった表示を忘れずに付けられるかどうか，秘密保持期間の長さは適切かについても確認してください。

　また，いつから開示するのか，すでに開示しているのかについても伝えましょう。契約期間の始期や締結日をどうするかにも関わるためです。

③　そもそも当該情報を出すのか

　秘密保持契約を締結したとしても，秘密情報の漏洩を完璧に防ぐことができるわけではありません。

　また，自社の経営上極めて重要な情報については，そもそも出さないという判断がありえます。秘密保持契約書を締結しなければビジネスが始まらないことも多いのですが，そもそも当該情報を出してよいのかという観点も大切です。

現場で使える**Tips**　秘密保持契約書のひな型

　新たなビジネスの可能性についてこれまで取引のなかった会社と検討を開始する場合，秘密保持契約を締結しなければ先に進めないことが多いでしょう。このとき，すぐにでも具体的な検討に入りたいのに秘密保持契約の交渉に時間を費やすのはあまり有意義ではありません。

　自社から新たな協業先を積極的に開拓していく際は，その目的に沿った自社の秘密保持契約のひな型を準備したり，従来から使っていたひな型を見直したりしておくと，スピーディに合意できる可能性が高まります。自社の利益一辺倒では相手方も折り合えませんから，バランスの取れた内容のひな型を作成するよう法務部門に依頼してはいかがでしょうか。

---

(8)　共同開発契約

①　概　要

　共同開発契約は，新たな製品や技術を研究開発するにあたり，複数の当事者が共同で開発行為を行う，という契約です。各当事者は，共同開発の目的・テーマを設定して，それに向けて開発を行います。

図表3-17 共同開発契約

共同開発の目的・テーマ

開発行為　　開発行為

② 事業部門でチェックしてほしい項目

　まず共同開発契約に先立ち，相手方が，自社の求める技術や知見を有していて共同開発先として適切なのかを見極める必要があります。その際，秘密保持契約書を締結して，共同開発を行うか否かを検討します。

　共同開発契約を締結することになれば，**共同開発の目的・テーマ**を決め，その実現に向けて**各当事者が担う役割**を定めます。役割分担とあわせて，共同開発に要する費用負担についても取り決めます。また，各当事者が共同開発にあたって提供すべき情報や資材等があれば，それらも明確にしておきます。

　共同開発が思ったように進まない事態も考えられます。共同開発の目的・テーマと役割分担を変更する場合や中止する場合のことについても検討しておくのがよいでしょう。

③ 成果の帰属と利用に関する取決め

　共同開発を通して，新たな技術的成果が得られることが想定されます。開発成果がどちらに帰属するか，開発成果を利用できるかは，当事者にとって重要です。主な項目を図表3-18に挙げました。共同開発が途中で終了したときの成果の取扱いについてもこれと同様です。

図表3-18 　共同開発の成果の帰属と利用など

成果の帰属 （知的財産権も含む）	・共有か，どちらか一方の帰属か ・共有の場合の持分割合
成果の利用	・当事者は成果を利用できるか ・当事者は第三者に利用させられるか
成果の改良	・開発成果を改良して得られた成果の取扱い 　（共同開発期間後だけでなく，期間中も）
成果の公表	論文や学会発表などで新規の成果が公表されることがあります。特許出願前に新規の成果が公表されると，その後に出願しても特許権を取得することができません。

（9）約款・利用規約

①　約款・利用規約とは

　ウェブサービスのように，多数の利用者に対して，一律の条件でサービスが提供される場合には，あらかじめサービス事業者が「約款」や「利用規約」といった形式で契約条件を定めています。BtoCだけでなく，BtoBすなわち企業間の取引に適用されるものもあります。例えばソフトウェアの利用規約等です。

　約款や利用規約も契約書と同様に**当事者を拘束します**。そのため，事業部門でも確認しておきましょう。あまりにも分量が多い場合には，見出しだけを拾って読むことも考えられますが，ともかく目を通してください。

②　どんな条項でも有効になるわけではない

　BtoCの利用規約では，消費者契約法が適用されますので，次のような事業者に一方的に有利な条項は無効となります。

　「理由の如何を問わず，一切損害賠償責任を負いません。」

　「事業者の責めに帰すべき事由があっても一切損害賠償責任を負いません。」

　BtoBの利用規約でも，利用者の権利を制限し，または義務を加重する条項

で信義則に違反するようなものは，合意しなかったものとみなされます。その
ため，上記のような条項も無効になる可能性があります。

現場で使える**Tips**　提示された約款に不当な条項が入っていたとき

　サービス事業者側は，多数の利用者に対して同一の条件を適用するため
に約款を準備して提示しています。そのため，約款自体について個別の変
更にはまず応じてくれません。変更するのに主務大臣の認可等が必要とな
るものもあり，容易に変更できないことも理由です。
　上記のとおり，一方的にサービス事業者側に有利な条項は効力を否定で
きる場合がありますが，取引の実情と合わない等，自社にとって修正した
い条項があれば，約款自体を修正するのではなく，個別に合意書面を締結
して約款を上書きすることが考えられます。ただ，この場合も交渉は難航
するかもしれませんが……。

---

(10) 契約の終了（解除，中途解約等）

①　契約終了の合意

　事業環境の変化やビジネス上の判断等により，取引を終了させたい場合があ
ります。その際，契約上の義務を負い続けることがないように，締結済みの契
約を終了させます。両当事者が取引を終了させたい意思を持っていれば，話は
単純です。「解約合意書」といった表題で，契約を合意によって終了させる旨
の契約を締結すればよいことになります。
　問題は，一方は取引を終了させたいものの，他方が取引を継続したい場合で
す。このときの交渉は難航します。終了するかどうか，終了に伴う諸々の項目
について交渉するのは大変骨の折れる作業です。
　取引の終わらせ方を話しやすいのは，取引開始時ぐらいです。投資規模が大
きい案件等では，あらかじめ撤退条件を決めておくこともあります。始めると
きに終わりのことを考えるなんてと思わずに，入念にチェックしましょう。

② 契約期間の満了と自動更新の拒絶

　契約は，契約期間が満了すれば終了します。しかし，次のように自動更新条項が付されているとき，当事者が何もしなければ，自動的に契約期間が継ぎ足されていきます。

　「契約期間は締結日から1年間とする。ただし，期間満了の1か月前までに，当事者のいずれからも更新しない旨の通知がない限り，契約はさらに1年間自動的に更新され，その後も同様とする。」

　契約を終了させたい場合には，期間満了の1か月前までに「更新しない旨の通知」を相手方に出せばよいことになります。なお，細かい点ですが，特に何も書かれていなければ，相手方に通知が到達する必要があると考えることになるでしょう。

③ 継続的取引関係の終了

　②のように，更新拒絶ができる条項になっていたとしても，必ずこれに従って契約を終了させられるわけではありません。

　企業間では同種の取引が継続的に行われることが多くあります。こうした**継続的取引関係においては，予告期間を十分に確保したうえで解約をしなければならず，また，取引を終了させるためのやむを得ない事由も必要とされることがあります。**実際に契約解約が認められるかは個別の事案によりますが，自動更新が繰り返されて取引期間が長期にわたっている場合，終了を告げられた側で直近に設備投資をしていたり，終了したい側が契約関係の継続を期待させるような言動をとっていたりすると，契約の解消が認められにくくなるように思われます。

④ 中途解約

　契約期間の途中で契約を終了することができる条項を設ける場合があります。予告期間を置く場合が多く，例えば，次のような書き振りとなります。

　「本契約の当事者は，本契約の期間中といえども，相手方に書面で通知することにより，同通知が相手方に到達した日から3か月を経過した日をもって，本契約を終了させることができる。」

　期間の途中で契約を終了させることは，通常，それができると定めておかない限りできません。なお，委任契約・準委任契約では，各当事者が任意解除権を有していることはすでに述べたとおりです。

現場で使える**Tips**　反社会的勢力の排除

　企業同士の契約書で，反社会的勢力排除のための条項を見かけたことがある方も多いのではないでしょうか。この条項を盛り込む狙いは，契約相手方が反社会的勢力であること等が判明した場合に，取引を中止できるようにしておくためです。そのため，契約を催告なしで一方的に解除できる旨の取決めが入っています。

　解除原因（どんな場合に解除できるのか）もだいたい似通っており，大きく分けて次の２要件から成ります。

・属性要件：相手方（法人の場合はその役員と従業員）が反社会的勢力である場合

・行為要件：相手方が反社会的勢力のような言動をしている場合

　取引内容や各社のポリシーにより，これに「反社会的勢力と密接な関係を有する場合」等を追加しているものも見かけます。

　反社会的勢力排除のための条項は多くの契約類型で盛り込まれていますが，秘密保持契約書には入れなくてもよいのではないかとの指摘があります。相手方が反社会的勢力であると判明しても，契約を解除せずに秘密保持義務を負ってもらいたいからです。読者の皆さんはどう考えますか？

（11）契約書に収入印紙を貼付する意味

①　何のために収入印紙を貼るのか

　契約書に収入印紙を貼るのかどうか，何円分の収入印紙を貼ればよいのか，悩んだことはあるでしょうか。収入印紙に関する質問は法務部門によく寄せられます。

　契約書に収入印紙を貼ることは，印紙税法に基づいて**印紙税を納税すること**です。税務の問題ですから，収入印紙を貼付する必要があるのにしていなかったからといって契約が無効になるわけではありません。貼っていない契約書も有効です。しかし，税務調査によって貼付するべき契約書に貼付していないことが発覚すると，過怠税というペナルティを受けます。

②　納税の仕方

　契約書に収入印紙を貼るのは印紙税の納付です。納付する際は，製本した紙の契約書に，収入印紙を貼付して，紙と収入印紙とにまたがって消印を押します。消印を押すことを「消す」ともいいます。消すのは，**収入印紙の再利用をできなくする**趣旨であるため，一方当事者が消印を押していればよいことになります。また，必ずしも押印でなくても署名でも構いません。

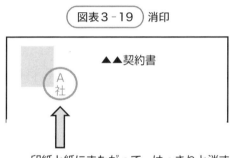

図表3-19　消印

・印紙と紙にまたがって，はっきりと消す
・契約書の押印と同じ印章でなくてもよい
・署名でもよい

③　対象となる契約書（課税文書）

　どの契約書に収入印紙を貼付する必要があるかは，国税庁の「印紙税額一覧表」で確認するとわかりやすいです。印紙税額一覧表は，課税される文書と印紙税額を記載した早見表です。

　ビジネスに登場する契約書のうち，少なくとも図表3-20の2つは押さえておきましょう。2020年のコロナ禍をきっかけに，電子契約サービスが普及しつつありますが，電子契約では収入印紙は不要です。

162

図表3-20　課税文書の一例

文書の種類	印紙税額
請負契約	契約金額に応じて決まります。 契約金額の記載がないものは200円
継続的取引の基本となる契約書 （契約期間が3か月以内で，更新の定め のないものは除く）	4,000円

　印紙税についてもう少し詳しく知りたい場合は，国税庁のウェブサイトに掲載されている「印紙税の手引き」をご覧ください。

第3節 ｜ 取引と関連の深い法制度

（1）下請法

①　下請法の趣旨と罰則

　下請法（下請代金支払遅延等防止法）は，親事業者（発注者：お金を支払う側）のほうが下請事業者（受注者：お金をもらう側）よりも優越的な地位にあることが多いことから，**下請事業者を保護するために親事業者が守るべきルール**を定めています。強行規定のところで少し述べましたが，契約で下請法違反の合意をしても無効です。

　親事業者が下請法に違反した場合は，公正取引委員会から，下請事業者が被った経済的な不利益を回復する是正措置をとるよう勧告がなされます。勧告とあわせて社名の公表もなされます。また，代表者，担当者，法人に罰金刑が課されることもあります。下請法では積極的な違反調査が行われています。下請法に対応することをおろそかにしてはいけません。

　本パートでは，どんな法律なのかというイメージを持っていただくために，規制の一部を具体的に説明することとしています。下請法の全体像や規制の詳しい内容は，公正取引委員会と中小企業庁が出している『下請取引適正化推進

講習会テキスト』（以下「下請法講習会テキスト」）をご参照ください。

② 適用対象（下請取引の該当性）

適用対象となる下請取引は，（ⅰ）取引内容と（ⅱ）当事者の資本金の額の両面から定められています。2つの条件をいずれも満たすと下請法が適用されます。

まず，適用対象となる（ⅰ）取引内容は，物品の製造委託・修理委託，情報成果物作成委託，役務提供委託です。該当する例が多数あるため，イメージをつかんでいただくために具体的を示します。図表3-21でいうと，精密機械メーカー（元請）が，製造を請け負う精密機械の部品の製造を，部品メーカーに委託する取引が対象です。

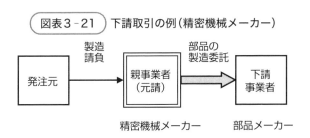

図表3-21 下請取引の例（精密機械メーカー）

発注元から精密機械の製造を請け負う精密機械メーカー（元請）が，精密機械の部品の製造を部品メーカーに委託するケース

また，図表3-22でいうと，ソフトウェア開発会社（元請）が，ユーザーから開発を請け負うソフトウェアの開発の一部を他のソフトウェア開発会社に委託する取引が対象となります。

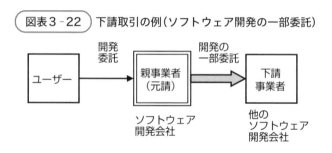

図表3‑22 下請取引の例（ソフトウェア開発の一部委託）

ユーザーからソフトウェアの開発を請け負ったソフトウェア開発会社（元請）が，開発の一部を他のソフトウェア開発会社に委託するケース

　下請取引に該当するかどうかを判断するためのもう1つの要件である（ii）当事者の資本金の額は，上記いずれの例においても図表3‑23のとおりです。親事業者，下請事業者いずれもが金額基準を満たせば，下請取引に当たります。

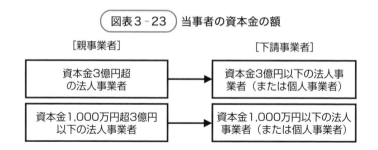

図表3‑23 当事者の資本金の額

［親事業者］	［下請事業者］
資本金3億円超の法人事業者	資本金3億円以下の法人事業者（または個人事業者）
資本金1,000万円超3億円以下の法人事業者	資本金1,000万円以下の法人事業者（または個人事業者）

③　親事業者の義務

　下請取引に該当すると，親事業者は，必要事項を記載した書面を下請事業者に交付しなければなりません。下請法第3条に根拠があるため，3条書面といわれることがあります。具体的な記載事項は割愛しますが，下請法講習会テキストの運用基準の欄に書式が紹介されています。

　また，親事業者は，受領日（役務提供の場合には，下請事業者が役務を提供した日）から起算して60日以内のできる限り短い期間内に，下請代金の支払期日を設定しなければなりません。検査をするかどうかを問わず60日以内のルー

ルは守る必要があります。そのため，社内の通常の支払処理で間に合うかどう
か注意してください。親事業者がこの支払期日に遅れた場合，年率14.6%の遅
延利息を支払うことになります。

　このほか，親事業者には，下請取引の内容について記載した書類を作成し補
完する義務も課せられています。

④　親事業者の禁止行為

　下請取引に該当する場合，親事業者には一定の禁止行為が課せられます。禁
止行為は，下請事業者の了解が得られていたとしても下請法違反です。全容は
下請法講習会テキストに譲りますが，例えば，図表3-24のような行為があり
ます。

図表3-24　親事業者の禁止行為

・製造委託取引において，委託内容が明確でなく，下請事業者の給付内容が契約
　または3条書面と異なることが明らかでないのに，受領を拒むこと

・支払期日が受領日から60日以内と定められているのに，その期日までに代金を
　支払わないこと

・発注時には下請事業者が給付すべき内容に含まれていなかった知的財産権やノ
　ウハウを無償で提供させること

⑤　下請法の適用対象でない取引でも要注意

　下請法が適用されない取引（例えば，取引相手の資本金が下請事業者として
の金額基準を上回る場合）だからといって，下請法で禁止されている行為を行
ってよいわけではありません。取引上，優越的な地位にあることを利用して，
不当な不利益を与える行為は，独占禁止法に抵触することがあります。

　下請法の適用対象であるかどうかにかかわらず，"フェア・プレー"が求め
られます。

（2）独占禁止法

① 独占禁止法の趣旨・目的

独占禁止法は，自由な競争を守るために，競争を歪める行動を規制しています。各企業が顧客にとって望ましい商品やサービスをよりよい条件で提供しようと活発に競い合っていれば，市場で多くの企業努力が積み重なり，消費者にとって最も望ましい商品やサービスが適切な条件で提供されるようになります。それが最終的には消費者の利益となるため，公正で自由な競争を促進しようとしているのです。

独占禁止法は，いくつかの規制類型を定めていますが，本パートではカルテル規制を取り上げます。再販売価格の拘束については第2節（6）「販売店契約・代理店契約」をご覧ください。

② カルテル規制

競争者が連絡を取り合い，商品の販売価格を維持することや値下げ幅等を共同で取り決めて，市場で競争をやめることをカルテルといいます。

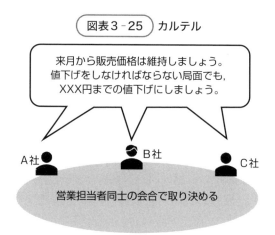

図表3-25　カルテル

カルテルの参加者同士で，販売価格を下げないでおこうと取り決めること自体が禁止されています。実際に市場で競争を歪める効果が発生したかどうかは

関係ありません。

　図表3-25では販売価格を維持することや値下げ幅を取り決めていますが，価格を引き上げること，値上げ幅を決めることもカルテルです。

　また，国や自治体の入札で，競争者が事前に相談して，落札者と落札価格を決めておく，いわゆる入札談合もカルテルの一種です。

　多くの場合，カルテルは秘密裡に行われますが，公正取引委員会はカルテルの直接的な証拠がなくても，会合を行った事実や連絡を取り合っていた事実等を積み重ねてカルテルがあったと認定します。**見つかるはずがないという意識は絶対に禁物です。**

③　カルテルとはならない行為

　競争者それぞれが自分自身で判断した結果，価格の引上げ等が同じ時期に行われた場合はカルテルには該当しません。競争者が価格の引上げについて共同で決定し，相互に拘束して値上げを実行するとカルテルになりますが，他社に影響されずに自社で決めたといえるのであれば問題ありません。

　ただし，前述のとおり，競争者と会っていた事実や連絡していた事実等からカルテルは認定されますので，最終的に自社で決めるからといって，競争者との会合を開催したり，価格についての情報交換をしたりすることは差し控えるべきだといえます。

④　厳しい制裁とリニエンシー制度

　カルテル規制に違反した場合，独占禁止法に基づいて制裁が下されます。また，同法に定めのない制裁として，図表3-26のようなものが考えられます。

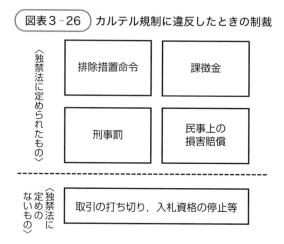

図表3‐26 カルテル規制に違反したときの制裁

〈独禁法に定められたもの〉

排除措置命令

課徴金

刑事罰

民事上の
損害賠償

〈独禁法に定めのないもの〉

取引の打ち切り，入札資格の停止等

　いずれも看過できない制裁ですが，課徴金納付命令については減免申請の制度が設けられています。カルテルや入札談合を公正取引委員会に自主的に申告した場合には，課徴金の免除や減額の恩恵を受けられます。これをリニエンシー制度といいます。具体的な減免率は申告順位や調査への協力度合いによりますが，調査開始前かつ，カルテル参加者の中で最初に申告した場合には，課徴金の全額免除を受けることができます。

　カルテルをしないに越したことはありませんが，もし，カルテルに参加してしまっていることが判明したのであれば，リニエンシー制度の利用を積極的に検討すべきといえます。

　現場で使えるTips　摘発されてからでは取り返しがつかない

　“カルテルは当業界にとって必要悪だ”

　“会社の利益を確保するためにカルテルをやるしかない”

　もしかしたら，このように感じている方がいるかもしれません。あるいは，周囲にこのように考える方がいるかもしれません。

　しかし，カルテル規制に違反したときの制裁は極めて重いものです。課

徴金は億単位になることが珍しくありません。本文には挙げていませんが，入札の契約書に，カルテル発覚時には高額の違約金を支払う旨が定められていることがあります。現場の担当者とその上司は刑事罰を受けることがあります。そうなると会社から懲戒解雇等の厳しい処分が下されます。

　カルテルは，会社にとっても，従業員とその家族にとっても，過酷で悲惨な結末をもたらします。不安に思う場合は，ためらわずに法務部門に相談してください。

（3）債権管理と債権回収

①　商品を売って終わりではない

　売買取引で売主が商品を販売すれば，会計上は売上が計上されます。しかし，商品を販売した時点では，売掛債権（代金を支払うように請求できる権利）は発生していますが，代金（金銭）は入手できていません。商品の製造・販売に費用を要していますから，まだマイナスです。売掛債権を回収して初めて会社の利益が確定したといえます。**商品を販売して終わりではないこと，回収しなければ利益が確定しないこと**は，当たり前ですが重要です。

　債権を確実に回収できるように，支払状況を確認したり，取引先の経済状態の変化等に注意して取引額を調整したり，場合によっては取引の中止も検討したりすることを債権管理といいます。

②　取引開始前

　取引開始にあたり，その取引相手が信用できるかどうかを見極めるために情報を収集します。情報収集の方法は，当該会社のウェブサイト，商業登記簿，同業他社や同じ業界の会社から得られる情報等です。商業登記簿は，登記情報閲覧サービスを利用することで，法務局に行かなくてもインターネット環境があれば確認できます。

③ 契約の締結

取引相手が一応信用できるとなれば，契約書を締結します。継続的取引に入るのであれば，取引基本契約を締結しますが，債権管理との関係では，「期限の利益」と「期限の利益の喪失」が重要です。

図表3-27　期限の利益と期限の利益の喪失

期限の利益	代金を支払う側が，支払期限までは代金を支払わなくてよいという猶予を与えられていること
期限の利益の喪失	期限の利益を与えている相手に一定の事由（契約違反等）が生じれば，期限の利益が失われること（その結果，ただちに全額を一括で支払わせる内容が多い）

④ 消滅時効

売掛債権を長期間にわたり回収できないでいると，債権が時効で消滅することがあります。債権は，権利者が権利を行使できることを知った時から5年間行使しないとき，または権利を行使できる時から10年間行使しないときは消滅するのです。例えば，売買取引において支払期限を定めていた場合，期限到来から5年間が経過すれば権利が消滅します。

なお，2020年4月より前に発生した債権は，改正前民法の適用がありますので，これとは異なります。

時効がまだ完成していない段階で，裁判上の請求，催告，協議を行う旨の合意等の事実があれば，時効期間の完成が猶予されます。また，債務者の承認や，裁判上の請求による権利の確定があれば，進行中であった時効期間が更新されます。つまり，それまで進行していた期間がリセットされて，改めて時効が起算されるのです。

⑤ 支払いの遅れに気付いたら

支払の遅れに気付いたときは，回収に向けて迅速に対応する必要があります。まず取引先に入金が遅れていることを伝えてすぐに支払うように請求します。

それでも支払いに応じない場合は，粘り強く請求を繰り返しましょう。

　倒産していなければ，資金がまったくないわけではなく，すべての仕入先に契約どおりに支払えるだけの資金がないだけかもしれません。自社の優先順位が他社より下がらないように請求し続ける必要があります。取引先が支払うと言っていても，現実に支払われるまで楽観は禁物です。請求を逃れるために口ではそう言っているだけかもしれないからです。

　場合によっては内容証明郵便で督促状を送付することも検討します。そして，督促状を送付した後は，弁済契約書を締結するように働きかけます。弁済契約書には，その時点での残債務の総額をいつまでに，どのようにして支払うのかという支払約束を定めます。

⑥　裁判による回収

　取引先が任意に支払わず，担保も取っていないのであれば，裁判所に訴訟を提起して回収を目指します。裁判で勝訴判決を得て，取引先の財産に強制執行をするのです。

　ただ，裁判と強制執行には代理人費用がかかります。また，無い袖は振れません。取引先に見るべき財産がなければ，裁判をしても必ず回収できるわけではないことは理解しておきましょう。

（4）特許法

①　特許制度の概要

　特許制度は，新規で有用な発明を出願すれば，**その発明を独占的に実施する権利**を出願の日から20年間認められる，というものです。自社の商品やサービスに関する特許権を取得すれば，競合他社の模倣を防ぐことができるというメリットがあります。ただ，独占的な権利が付与される代わりに，特許出願の日から1年6か月以後に，特許公開公報で発明の内容が公開されます。これには誰でもアクセスできますので，競合他社にも発明の内容が知られてしまうデメリットがあります。

　そのため，商品やサービスの外観を観察したり，実物を分析したりすること

で容易に技術内容がわかるのであれば，特許出願をしておき，他方，商品・サービス自体から技術内容が容易にわからない可能性が高いのであれば，出願しないで発明の内容を秘匿しておくことが一応は考えられます。ただ，一般化はできませんので，自社の技術内容を特許出願するかどうかは慎重に検討してください。なお，世界中で愛飲されているコカ・コーラの原液のレシピが，実は特許で守られておらず，社内のごく一部の人だけがノウハウとして知っていることは有名です。

②　特許を受ける権利

　特許権は，特許出願をし，審査請求をして特許庁の審査を受け，特許査定を受けた後，特許料を納付することで取得することができます。特許権を取得するにはまずは特許出願からです。特許出願をするには，特許を受ける権利を有している必要があります。「特許を受ける権利」が権利の名前です。

　特許を受ける権利を有するのは，特許法の要件を満たす発明をした発明者です。発明者以外の者は，発明者からこの権利を譲り受けることができます。発明をしたのが企業の従業員であれば，一定の要件のもと，当該企業の職務発明規程に基づいて，企業にこの権利が帰属します。

　特許出願前に発明について取り決めるときは，特許権だけでなく特許を受ける権利についても確認するようにしましょう。

③　特許権の効力

　特許権は，発明の種類ごとに権利の及ぶ範囲が異なります。図表3-28のとおり3種類の発明が存在します。

図表3-28　発明の種類

物の発明　　方法の発明　　物を生産する方法の発明

　例えば，物の発明の場合，特許権者は，許諾を受けないで物の製造や販売を

することが特許権の侵害に当たるとして，差止め請求ができ，また，損害賠償
請求ができます。

④　ライセンス契約

　許諾を受けないで特許発明を実施（物の発明の場合は，製造，仕様，販売，
輸出，輸入等）すると，特許権侵害となってしまいます。そのため，特許発明
を実施しようとするときは，特許権者から許諾を受ける必要があります。その
際，ライセンス契約が締結されます。

　ライセンス契約は，特許権者が相手方に特許発明の実施を許諾し，許諾を受
けた側がその対価としてライセンス料を支払う，という内容です。特許権者・
許諾した側をライセンサー，許諾を受けた側をライセンシーと呼びます。

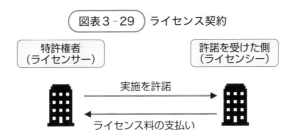

図表3 - 29　ライセンス契約

　ライセンス契約では，ライセンシーが独占的に実施できるのか（言い換えれ
ば，ライセンサーがライセンシーの他にも許諾を与えることができるか），ラ
イセンサー自身が実施することができるのか等を取り決めます。また，ライセ
ンシーが再許諾（サブライセンス）をすることができるかどうかを定めること
もあります。ライセンシーにおいて第三者への委託製造を考えているのであれ
ば，その旨を契約上明記しておくのが望ましいといえます。

現場で使えるTips　ライセンス料の種類・支払方法

　ライセンス料の種類ないし支払方法のうち代表的なものを紹介します。

◆イニシャルペイメント

　実施許諾の対価，または技術指導・技術資料提供の対価として，契約締結時に支払う頭金のようなものです。

◆ランニング・ロイヤルティ

　許諾を受けた商品の売上や販売数量に応じて，一定期間ごとに，ライセンシーが継続して支払うものです。なお，売上や販売数量に関係なく，最低限の金額が定められることもあります。

　イニシャルペイメントとランニング・ロイヤルティがあわせて支払われる場合もありますし，ライセンス契約の期間全体のライセンス料を締結時に一括して支払うこととする場合もあります。

⑤　特許権の効力を失わせる方法

　特許が登録されると，特許公報が発行されます。自社の製品・サービスが他社の特許権に抵触してしまっていた場合，特許異議の申立てか特許無効審判によって特許の取消しや無効にすることができないかを検討します。

　特許異議の申立ては，特許公報の発行日から6か月以内に特許権の取消しを申し立てるものです。一定の取消事由があるとして取消しの決定がなされるか，そうでなくても特許権者の権利範囲を減縮する訂正がなされることが期待できます。

　特許無効審判は，特許異議の申立てのように時間的制限はなく，利害関係人が特許の無効を請求できるというものです。一定の無効事由があれば，無効審決がなされます。無効審決が確定すれば，審判の対象となった特許権は初めから成立しなかったものとみなされます。

（5）著作権法

①　著作物とは

　著作物とは「思想または感情を創作的に表現したものであって，文芸，学術，美術または音楽の範囲に属するもの」とされています。この定義だけでイメー

ジをつかむのは難しいため，いくつか具体例を挙げます。

図表3‐30　著作物の例

著作物の種類	説明，具体例
言語の著作物	小説，脚本，論文，講演など
美術の著作物	絵画，版画，彫刻，漫画，書等の色彩や造形によって表現されるもの
映画の著作物	映画フィルム，ＤＶＤに記録されたアニメ，ゲームソフト
写真の著作物	写真（フォトコピーやほぼ自動的に機械で撮影される証明写真は含まれない）
プログラム著作物	コンピュータプログラム
二次的著作物	著作物をもとにして創作された著作物

　例えば，2021年4月1日時点における○○株式会社の従業員数のような，単なる事実やデータそれ自体は著作物とはなりません。

　著作権は「表現」を保護しますので，アイデアのような思想・感情は著作物とはならず，具体的に表現されてはじめて著作物となります。

　ビジネスでも比較的登場するソフトウェア利用契約は，プログラム著作物の利用を許諾するという内容のものが多いです。

②　著作者の認定と職務著作

　著作物を現実に作成した者が著作者となり，著作者に権利が帰属します。著作者が権利を取得するのに何らの手続きも不要です。創作した時点で自動的に著作者の権利を取得します。

　複数の著作者が共同で作成した著作物は共同著作物と呼ばれます。そして，それらの著作者は共同著作者となります。

　会社内で従業員が作成した著作物がその会社の名義で公表される場合は，当該会社を著作者とするルールがあります（職務著作，あるいは法人著作といいます）。特許における職務発明と似ていますが，要件は若干異なっています。

③ 著作権

　著作権は，他人が許諾なしに著作物を利用するのを禁止する権利です。著作権という単一の権利ではなく，複数の権利の束といわれます。すなわち，複製権，上演権・演奏権，上映権，公衆送信権（送信可能化権），伝達権，口述権，展示権，頒布権，譲渡権，貸与権，翻訳権・翻案権，二次的著作物の利用権の総称です。

　例えば，著作者の許諾なしに著作物である書籍をコピーして多数の友人・知人に配った場合は，著作者に無断でコピーした点が複製権侵害，多数の友人・知人に配った点で譲渡権侵害となります。

　なお，著作権は著作物の創作と同時に著作者に帰属しますが，譲渡が可能な権利ですので，著作者の元を離れて別の人が著作者になることもあります。

④ 権利制限規定

　著作権は，著作者が第三者による利用を排除する権利です。他方，著作権法には，著作者の利益を大きく損なわないという前提で，利用者が許可なく著作物を利用してよい場合が定められています。これらは著作権者の立場から見て権利制限規定と呼ばれます。

　権利制限規定は多数あるため，本書では一部を抜粋して紹介します。

図表3‐31　著作権の権利制限規定

私的複製	個人的にまたは家庭内その他これに準ずる限られた範囲内で複製を認めるもの。会社の業務で複製することは，少部数であっても私的複製には当たらない。
引用	判例の考え方によれば，引用する側（引用先）の著作物と，引用される側（引用元）の著作物を明瞭に区別して認識でき，かつ，前者が主で，後者が従の関係があれば，引用して利用できる。

⑤　著作者人格権

　著作物には，創作した人の個性や人格が現れます。著作権法はこの人格的利益を保護する権利として，著作者人格権を規定しています。具体的には，公表権，氏名表示権，同一性保持権の3つです。

　著作者人格権は，著作者の一身に専属します。他人に譲渡することはできず，相続もされません。

図表3‐32　著作者人格権

公表権	まだ公表されていない自己の著作物を公表するかどうか，どのような方法や態様で公表するか，いつ公表するかを決定できる権利
氏名表示権	著作物の原作品に，または著作物が公衆に提供・提示される際に，著作者名を表示するか，表示するとして実名と変名のいずれを表示するのかを決定できる権利
同一性保持権	自己の著作物やその題号について，自己の意に反して変更，切除，その他の改変が加えられることを禁止できる権利

現場で使えるTips　フリー素材

　プレゼン資料等を作成するために，インターネットで「著作権フリーイラスト」と検索したことがある方も多いのではないでしょうか。著作権フリーという謳い文句のコンテンツであっても，何の制約もなく自由に利用できるのではなく，ほとんどの場合は利用規約で認められた範囲内でしか利用できません。こうしたフリー素材をダウンロードして利用する場合は，利用規約を確認するようにしましょう。

（6）個人情報保護法

① 個人情報とは

　個人情報とは，簡単にいえば，生存している個人に関する情報で，特定の個人が識別できる情報のことです。

　具体的に見ましょう。

　"東和男さんは，大阪府立梅田高校を卒業した後，車の運転が好きであったことから，株式会社▲▲に入社してタクシー乗務員の仕事をしている"

　特定の個人（東和男さん）が識別できるため，この情報は個人情報に該当します。この情報のうち，**氏名単体が個人情報となるのではありません**。東和男さんに関する，大阪府立梅田高校を卒業したこと，車の運転が好きであること，株式会社▲▲に所属していること，職業がタクシー乗務員であることという**各情報が一体として個人情報となります**。

　個人が識別できれば氏名は必須ではありません。例えば，匿名でSNSを利用していても，その人の過去の投稿内容をたどってみていけば，誰であるかが判明することがあります。特定の個人が識別できるのであれば，氏名は伏せていてもSNSに投稿された内容は個人情報に当たります。

　もう1つ例を挙げましょう。飲食店が保有している顧客データをイメージしてください。

図表3-33　飲食店が保有している顧客データ

ID	性別	年齢	よく利用する店舗	メルマガ登録
100567	女	33	尼崎店	なし
100568	女	35	宝塚店	あり
100569	男	27	三宮店	なし
100570	男	33	西宮店	あり

ID	氏名
100567	戸田絵梨
100568	上野由里
100569	野々村周平
100570	守山未来

　図表3-33の左側のデータだけでは特定の個人を識別することはできません。

その飲食店の尼崎店をよく利用する33歳女性でメルマガ登録をしていない人というだけでは個人を絞り込めません。右側のデータはＩＤと氏名とが結び付いています。左側と右側の各データに容易にアクセスして両方を組み合わせることができるのであれば，個人情報に該当します。すなわち，「ＩＤ100567の戸田絵梨さんは年齢33歳の女性であり，よく利用するのは尼崎店で，メルマガ登録はしていない」という情報が個人情報です。

②　個人識別符号とは

　生存する個人に関する情報で，「個人識別符号」を含むものも個人情報とされます。氏名を含まない，個人識別符号単体でも個人情報とされます。

　個人識別符号には大きく２種類あります。個人ごとの公的な番号と，個人の身体の一部の特徴を本人認証の目的でＰＣやソフトウェア等に読み込ませられるようにしたデータです。前者は，免許証番号，保険証番号等です。後者は，ゲノムデータや静脈認証，指紋認証のためのデータです。

③　個人データとは

　個人情報とは別に「個人データ」という概念があります。データを取り扱う際の規制が両者で異なっています。

　個人情報の集合体を検索できるように体系的に構成したものを「個人情報データベース等」といいます。例えば，名刺の束をそのままの状態ではなく，氏名の五十音順に並べたものが個人情報データベース等です。「個人データ」は，個人情報データベースを構成する個人情報のことです。

　なお，「保有個人データ」という概念もあります。これは，個人情報取扱事業者が開示等する権限のある個人データのことです。従前は，これに加えて「６か月以内に消去しないもの」という要件も付加されていましたが，2020年法改正で外れました。本人から開示，訂正，利用停止等の請求があったときは，個人情報取扱事業者はこれに応じる必要がありますが，それに関連した概念です。

④　要配慮個人情報

　要配慮個人情報とは，取扱い方によっては本人に不当な差別，偏見その他の不利益が生じるおそれがある個人情報のことです。

　具体的には，人種，信条，社会的身分，病歴，犯罪の経歴，犯罪によって被害を受けた事実，障害，健康診断等の結果，医師の診療や薬剤師の調剤が行われたこと，刑事事件に関する手続きが行われたこと，少年事件に関する手続きが行われたことです。

　これらの情報を含むと，**規制内容が変わる**ため，情報の内容に注意しておく必要があります。

⑤　取得・提供の規制

　個人情報の取得時には，利用目的を特定する必要があります。個人データでなくても特定が必要です。これは，本人が何に利用されるのか予想できるようにするためです。第三者に提供することも利用目的に含まれます。特定した利用目的は，公表，通知または明示しなければなりません。なお，要配慮個人情報を取得するには，あらかじめ本人の同意を得るか，法令に基づく場合等の一定の事由に該当する必要があります。

　個人データを第三者に提供するには，あらかじめ本人の同意を得るか，法令に基づく場合等の一定の事由に該当する必要があります。個人データを委託する場合と共同利用する場合は，第三者への提供には当たらず，それぞれ規制が設けられています。

（7）インサイダー取引規制

①　情報管理とインサイダー取引規制

　管理職は，社内で関係者を限定して進める機密性の高い案件に関与することがあります。厳格に情報管理をするのとあわせて，自分とその周囲がインサイダー取引をしてしまわないように，規制内容をよく理解しておく必要があります。

②　インサイダー取引規制とは

　インサイダー取引規制では，例えば，業績予想の上方修正がされることを知って，それが開示される前に，その上場企業の株式を購入することを禁止しています。図表3-34でいうと，業績予想の上方修正前に100株を購入する行為が規制に抵触します。

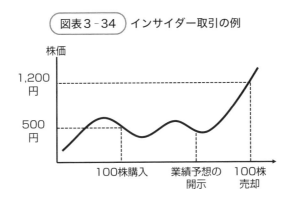

図表3-34　インサイダー取引の例

　自社株の売買さえしなければよいというわけではありません。取引先から未公表の重要事実を聞いて取引先の株式を購入・売却することも違反です。

　さらに，株式売買だけでなく，**相手に取引を推奨する行為，情報を伝達する行為も規制されています**。情報を聞いた相手が実際に公表前の株式売買をした場合は，情報伝達者も罰せられるのです。

③　厳罰と規制の趣旨

　インサイダー取引規制に違反すると，重い罰則があります。刑事罰が科されるとともに利益相当額の課徴金を納付しなければなりません。社内規程に基づく処分もあります。情報伝達者にも刑事罰と課徴金が科せられます。

　インサイダー取引規制の趣旨は，一言でいえば，**ずるい行為を許さないため**です。会社の内部の人は，業績予想の修正等，会社の株価に影響する事実を，社外の人に先駆けて知ることができます。社外の人（多くの一般投資家）は，通常，そうした情報にはアクセスできず，すでに公表された情報をもとに，その会社が今後儲かるか否かを予測して投資するかどうか決めています。内部者

が内部者だからこそ知りえた情報をもとに取引していることが判明すると，外部者は，不公平さを感じて市場から離れて行きます。市場で株式を売買する人がいなくなり市場が成立しなくなりかねません。証券市場が公正で健全であることに対する投資家の信頼を保護するために，内部者の“ずるい”行為を規制しているのです。

④　誰が規制の対象か

インサイダーは内部者という意味で，当該上場企業の役員と従業員は対象になりますが，規制対象はそれらに限られません。

上場企業の取引先・顧問先も対象となりますし，退職してから（また取引終了および顧問終了から）1年以内の者も対象です。

また，当該上場企業の役員および従業員，取引先，顧問先から直接重要事実を聞いた人（情報受領者）も対象です。

⑤　インサイダー情報（重要事実）とは

未公表の重要事実を知りながら，公表前に株式の売買をすると，規制に違反してしまいます。

重要事実は非常に多岐にわたるため，ここですべてを紹介することはできませんが，東京証券取引所のウェブサイトに掲載されている「別紙　重要事実一覧表」がわかりやすいです。「新たな事業の開始」「新製品又は新技術の企業化」「事業の譲受け」「業務上の提携」等は，自身がその担当者になるかもしれません。すべてを一度見ただけでは覚えられないと思いますが，どのような事実が挙がっているのか眺めてみることをお勧めします。

すべての重要事実を把握していなくても，適切に情報管理を行うことは求められます。そのため，重要事実を**“株価に大きな影響を与えると予想される情報”**と理解しておくとよいでしょう。

⑥　重要事実の公表

インサイダー取引規制は，公表前の株式売買を対象としています。重要事実の「公表」方法はいくつかあるのですが，多くの上場企業は，TDnet（適時開

示情報閲覧サービス。ティーディーネットと読みます）に重要事実を掲載することで公表したとする運用を行っています。TDnetは誰でも見ることができますので，一度インターネット検索をして見てみるとよいでしょう。

　規制される行為は，公表前の株式売買です。言い換えると，公表後であれば，株式売買を行ってもよい，ということになります。しかし，ある重要事実が公表されても，また別の重要事実が発生していることは往々にしてあります。その別の重要事実が未公表であれば，当然，規制に服しますので注意が必要です。

⑦ 従業員持株会による適用除外

　従業員が自社株式を購入するのは，従業員持株会を通じて行うケースが多いのではないでしょうか。従業員持株会を通じて株式を取得するのであれば，インサイダー取引規制は適用されません。例えば，毎月3口3,000円ずつというように，あらかじめ決まった計画に従って定時・定額の買付けを行うため，基本的には個別の投資判断に基づかないからです。

　従業員が個人名義の証券口座に株式を移して売却する場合には規制が適用されます。また，従業員持株会を通じた株式の買付けであっても，未公表の重要事実を知りながら，公表前に口数を増加・減少させたりする行為は，個別の投資判断に基づくものとして，規制されることがあります。従業員持株会だからといって，まったく規制に服さないわけではないのです。

現場で使えるTips　偶然知った重要事実

　自分がその案件の担当でなくても，重要事実を偶然見たり聞いたりしてしまうことはあります。例えば，重要な書類がコピー機や会議室に置き忘れられていたとか，エレベーター内でひそひそ話が聞こえてきたという場合です。自分の業務内容とインサイダー取引規制は関係がないと思っていても，こうした場面は不意に訪れるのです。そのため，管理職が，自部署のメンバー1人ひとりについて何を知っていて何を知らないのか完全に把握しておくことは難しいといえます。

　各自が情報の取扱いに注意し，インサイダー取引規制の内容を理解して
おくことが重要なのです。

第4節 ｜ 基礎的な法務スキル

（1）法務スキルの概観

　基本的な法務知識を適切に使いこなせる能力やそのための思考方法のことを，
法務スキルと呼びます。基本的な法務知識を知っているだけで役立つこともあ
りますが，法務スキルを身につけることで十分に活用することができます。
　法務スキルは，管理職がそれを発揮する相手によって，まず図表3-35のよ
うに分類することができます。

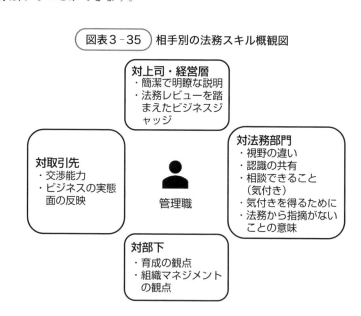

図表3‐35　相手別の法務スキル概観図

対上司・経営層
・簡潔で明瞭な説明
・法務レビューを踏
　まえたビジネスジ
　ャッジ

対取引先
・交渉能力
・ビジネスの実態
　面の反映

管理職

対法務部門
・視野の違い
・認識の共有
・相談できること
　（気付き）
・気付きを得るために
・法務から指摘がない
　ことの意味

対部下
・育成の観点
・組織マネジメント
　の観点

　具体的には，法務部門と協働する場面，上司に相談・報告して意思決定する

場面（経営層に報告する場面も含みます），部下を案件に関与させたり，とも
に法令チェックを担う場面，および取引先と交渉する場面です。

　また，上記各場面で法務スキルを発揮するために共通する思考方法（共通ス
キル。図表3-36参照）もあります。

（図表3-36）共通スキル

・事実と評価の峻別
・具体と抽象の行き来

（2）共通スキル（事実と評価の峻別）

　上司・部下や法務部門と情報を共有する際に，情報を正確に伝える必要があ
ります。情報が正確に伝わるためには，**事実と，その人の意見・感想・評価等
とが区別されていなければなりません**。事実はそれ自体誤解が生じにくいです
が，意見・感想・評価等は聞く人によって思い浮かべるイメージが異なります。
聞き手は，多くの場合，事実がどうなのかを知りたがっていて，それを聞くこ
とができないと不安感を覚えるものです。意見や評価を述べてはいけないわけ
ではありませんが，事実との切り分けをすることが大切です。

　例えば，工場の生産設備に不具合が出た原因が工事業者の施工不良か否かを
検討する事案で見てみましょう。

　担当者が「この手の工事ではありえないぐらいずさんな工事だ！」と言うの
は意見や評価です。事実とは，仕様書には当該設備で使用する配管の厚みはす
べて15㎜以上と記載されていること，実際には5か所で厚みが7㎜の配管が使
われていたこと，3か所で厚みが10㎜の配管が使われていたこと等です。これ
らの事実やその他の具体的な事情も考え併せたうえで，「ありえないぐらいず
さんな工事」であったのかどうか評価が下されます。もし，仕様書の定める規
格自体や実際の業者の施工内容に「ありえないぐらいずさん」かどうかを基礎
付ける事実がなかったのであれば，経年劣化が不具合の原因という可能性もあ
ります。そうだとすると「ありえないぐらいずさん」とまでは言えないかもし

れません。

　意見や評価をつい強調してしまう人は，法務部門や上司から自分の意に沿わない指摘や耳の痛い指摘を受けないように，あるいは，案件をスムーズに進めたいあまり，自分の望む結論を先取りして伝えてしまっているのかもしれません。しかし，法務担当者や上司は，曖昧だと感じた部分について通常は詳しく質問したり聞き直したりしますので，事実を言わずに済ませることは難しいでしょう。また，言いたくない事実を糊塗しても，後からそれが発覚したときは，事態が悪化していることも考えられます。

　自分の意見や評価をさも厳然たる事実のように伝えると，聞き手との間で誤解が生じて，その後のコミュニケーションが実態と離れた的外れなものになりかねません。事実と評価とを峻別しないことで，適切に事実が伝わらず，事実を隠蔽・歪曲したと受け取られるおそれもあります。意見や評価を述べることがまったくだめだというわけではありませんが，事実と峻別して伝えるよう意識的に取り組みましょう。

（3）共通スキル（具体と抽象の行き来）

①　法的三段論法（具体から抽象へ）

　事実が法律（ルール）に当てはまると法律が適用されて効果が発生します。法律が適用されるかどうかを判断するための思考過程のことを法的三段論法といいます。法務担当者は，比較的この考え方に馴染んでいますが，事業部門の方も，この考え方を知っておけば思考をクリアに整理するのに役立ちます。

　具体例で説明しましょう。

　売買取引において，商品の輸送途中，大雨の影響により道路脇の斜面が崩落して，トラックの荷台に積んでいた商品が土砂に埋まって使い物にならなくなってしまったとします（運転手は助かりました）。締結済みの売買契約には，次のような条項が入っていました。

　「商品が滅失・毀損した場合，引渡し前までは，買主の責めにのみ帰すべき事由があるときを除き，売主の負担とする。」

　この条項が適用されるかどうかは，図表3-37のように判断されます。

（図表3-37）法的三段論法

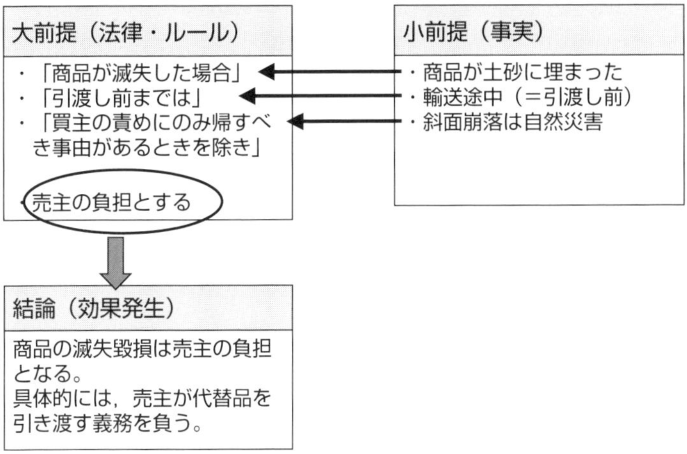

大前提（法律・ルール）
・「商品が滅失した場合」
・「引渡し前までは」
・「買主の責めにのみ帰すべき事由があるときを除き」
売主の負担とする

小前提（事実）
・商品が土砂に埋まった
・輸送途中（＝引渡し前）
・斜面崩落は自然災害

結論（効果発生）
商品の滅失毀損は売主の負担となる。
具体的には，売主が代替品を引き渡す義務を負う。

　商品が土砂に埋まったことは「商品が滅失した場合」に当たります。

　輸送途中の出来事ですので「引渡し前まで」に当たります。

　斜面崩落は自然災害ですから「買主の責めにのみ帰すべき事由があるときを除き」に当たります。

　上記3要件を満たしましたので，「売主の負担とする」という効果が発生します。すなわち，売主が代わりの商品を引き渡す義務を負うことになるのです。

②　抽象から具体へ

　法的三段論法では，具体的事実から抽象的なルールが発動されるかどうかについてみました。その逆，抽象的なルールから具体的な事実を想起できることも重要です。例えば，共同研究契約の研究の中止に関する条項が次のような内容だったとします。

　「本共同研究遂行上やむを得ない事由が生じたときには，両当事者が協議の上，本共同研究を中止することができる。」

　ここでいう「やむを得ない事由」が何なのか，契約書にこれ以上書かれていなかったとすると，この抽象的な記載から，**具体的にどんな事情が該当するのか**を導き出さなければなりません。契約全体の記載内容を確認する必要がある

ためここでは詳細を解説しませんが，いろいろと可能性を考えてみる必要があります。

　例えば，共同研究に必須の研究施設が自然災害により使えなくなったこと，予想以上に研究費用の負担をしなければならないこと，競合他社が同種の技術開発に成功したこと等です。一方にとっては「やむを得ない事由」と言いたいが，他方にとってはそうではない事情も考えられます。

　契約書を確認していて抽象的な要件に出くわしたときは，具体的にどういう事実が該当するのかを考えてみることをお勧めします。

現場で使える**Tips**　「等」とは何か

　契約書では，あらゆる場面を想定してすべてを書き連ねることはできません。そのため，「やむを得ない事由」のような抽象的な表現がよく用いられています。また，「その他前各号に準ずる事由」や「その他一切の損害」のように，具体的に列挙したもの以外を包括するような定め方もあります。

　見落としがちですが，「等」の一文字も同じ働きをします。例えば，業務委託契約書において，対価とは別に諸費用の負担を定める場合，「交通費及び資料代」か「交通費及び資料代等」かで，実際に負担する金額は異なることがあります。「等」の有無や「等」が何を指すのかにも注意が必要です。

（4）対法務部門の法務スキル

①　事業部門と法務部門との視野の違い

　第1節で，新規取引先から契約書のひな型を受け取った事業部門の担当者は，法務部門にチェックを依頼する際，何を伝えるべきかという問いかけをしました。伝えるべき内容は案件によってさまざまですが，前提として，事業部門と法務部門とは見えている世界が違うことを認識しておく必要があります。

　事業部門がビジネスを企画・開発し，遂行する過程で生じる多くの事柄は，事業部門担当者の目の前で，少なくとも近いところで起こり，リアルタイムで

状況把握ができます。また，当該部署の業務に継続して携わってきたからこそ見えてくる経験知があります。

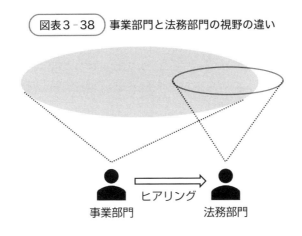

図表3-38　事業部門と法務部門の視野の違い

ヒアリング
事業部門　　　　法務部門

　これに対して，相談を受ける法務部門は，部署の性質上，直接ビジネスに関する情報を取得することは難しく，事業部門から案件の内容をヒアリングすることで情報を得ます。契約書審査であれば，契約書の内容や過去の同種案件も手がかりとなりますが，これらのみに依拠することはできません。法務担当者の想像力，傾聴力，質問力が問われるわけですが，どれほど経験豊富な担当者でも，事業部門とまったく同じ世界が見えていることはありません。

　管理職は，法務部門と事業部門の視野に違いがあることを踏まえたうえで，自部署のビジネスに関する状況把握は自らの責任で行わなければならないと自覚しておきましょう。

　そのうえで，**契約書審査依頼や法務相談の際には，事業部門としての認識を共有してください**。法務部門は実際のビジネスに照らして回答したいと考えています。ビジネスの内容に即して具体的に検討しなければ漏れが生じたり，回答の内容が変わったりするためです。法務担当者は，ビジネスの内容を丁寧に，かつ詳しく教えてもらえると，大変やりやすくなります。これは筆者だけではありません。読者の皆さんにはぜひこれを実践していただければと思います。

　視野の違いに関して一例を挙げましょう。商品の売買取引における債権回収

190

の事案です。

　これまで売掛金の支払期日に遅れることなく支払っていた得意先が，あると
き突然支払えなかったとします。法務部門は回収不安時の一般的なアドバイス
や可能性の指摘はできますが，当該事案で具体的にどういう事情が生じている
のかは，得意先担当者が最もよく知る立場にあります。すぐさま得意先に聞い
てみて，支払えなかった理由が，先方の事務担当者が変更になったが引継ぎが
できていなかったからとか，社内的な支払フローが変更になったが使いこなせ
なかった等であれば，手続的・事務的なミスだと推測できるため，今後の回収
に不安はないと判断できそうです（なお，それ自体嘘の可能性もありますし，
単純な事務ミスが破綻の予兆を示していたというケースも考えられますので，
即断はできません）。そうではなく，事情を聴いても納得のいく説明が得られ
ないうえに，ここ最近の訪問時に以前と様子が違う点が気になっていた，担当
者の様子がおかしかった等の状況があれば，早期に回収に向けたアクションを
起こすのがよいかもしれません。

②　相談できること（気付き）
　読者の皆さんは，どんなときに法務部門に相談するでしょうか。
　筆者の経験上，具体的な法令の内容を指摘して，それに抵触するかどうかを
教えてほしい，という相談は決して多くありません。そういう相談ができる方
は，自分でもよく勉強している相当レベルの高い人という印象です。
　本書は，法務部門への相談がスムーズになるという観点で法務知識を紹介し
ています。ただ，本書で触れていない問題に遭遇することも当然あります。基
本的な法務知識をクリアに備えているときばかりではないのです。法務知識を
知らないか，曖昧な状態であっても，**何となく違和感を覚えたり，引っかかり
を感じたりする**ことがあると思います。そのとき，「これは法務部門に相談し
ておこう」と気付いていったん立ち止まれること，相談すべきタイミングを逸
しないことが重要です。ビジネスを進めるにあたって何となく感じた違和感に
向き合い，法務部門に相談するアクションを起こせることが求められているの
です。

③　相談しておこうという気付きを得るために

　具体的な法令・ルールがわからないのに相談するのは難しいので，事業部門が法務部門に相談しようという気付きを得るために，次のことを実践してみることを提案します。

図表3‐39　気付きを得るための方策

・その案件の目的を定め，目的達成の手段を考える過程における気付き
・関係資料（契約書を含む）を確認する中での気付き
・違和感・不安感を感じたらそれが気付き
・事案を整理することで得られる気付き

　まず，ビジネスの目的・ミッションを定めることです。この案件で何を達成したいのか，獲得したいのかです。目的を明確にした後，目的達成のための手段を考えます。手段を遂行する過程で，対処すべきマイナスのリスクに気が付くはずです。リスクのすべてに対応できればよいのですが，影響度の大きいもの，発生可能性が高いものから優先順位を付けることになるでしょう。限られた人的・時間的・予算的リソースを有効に活用する必要があります。

　リスクを洗い出す過程では，初歩的ですが，契約書案を含めた関係資料をよく確認してください。担当している案件の全体像を把握して，取引相手に期待したいこと，逆に自分たちが約束したくないことを明確にしましょう。契約書審査であれば，契約書を読んで気になったことも必ず伝えてください。

　違和感・不安感を大切にしてください。こればかりは感じる人と感じない人が出てきてしまいますが，例えば，これまでの人生で見聞きしてきた事柄（無意識的なものも含みます）から，慎重に進めたほうがよいかもしれないという気がしたのであれば，その感情を大切にしてください。あるいは，相手方やステークホルダー等の関係者の立場に身を置いたときに，損をする当事者がいないか，不公平感を持つ当事者がいないか等の観点から，その事案を俯瞰してみるのもよいです。全体を見渡してフェアでないとか望ましくない状況が生じていれば，それも気付きの1つです。

192

事案を俯瞰することとも通じますが，法務部門に案件の概要を説明する前に，次のような視点から整理すると事業部門にとってもわかりやすくなります。

（ⅰ）実際のビジネスを時系列・時間軸で整理する

（ⅱ）モノの流れ，お金の流れ，情報（帳票）の流れの各視点から整理する

情報を整理する過程で，決めておかなければならないのに決めていなかったことに気付くことがあります。

現場で使えるTips　これは法的問題？

法務部門に相談しようという気付きを得るための方策について述べました。

読者の皆さんには，少しでも法的問題かなと思えば，法務部門に相談することをお勧めします。法律問題かそうでないかの切り分けは微妙な場合が多く，事業部門に精緻な分別をすることまで求められていないと考えてください。

法的な要素のない純粋なビジネス上の問題であれば，法務担当者がそのように伝えてくれますから，ためらわずに相談してください。

---

④　法務から指摘がないことの意味

事業部門と法務部門とは見えている世界が異なると述べました。見えている世界に基づいてしか検討できないため，法務部門の指摘が法務リスクのすべてとは限らないのです。

法務部門に契約書審査依頼をすれば，法務部門はひととおり契約書全体を確認します。ただ，**契約書には，法務部門ではその是非や妥当性について判断できない項目も存在します。**例えば，対象品目が多数に上る売買契約書では，売買目的物としてそれらを含めてよいのか，漏れがないかについて，事業部門がチェックするしかありません。契約書審査依頼への回答の中に，何も修正やコメントがついていないとき，問題がないと判断したという意味なのですが，その中には，事業部門が確認してくれて問題ないと考えているのであれば法務と

しても問題ないという判断も含まれていることがあると認識しておきましょう。

（5）対上司・経営層の法務スキル

① 簡潔で明瞭な説明

　ビジネス上のコミュニケーションの中でも，とりわけ上司や経営層に対して報告する際は，簡潔で明瞭な説明が求められます。この点は十分に理解されている方が多いと思います。

　ここでは，法務的な論点を含む報告であっても，簡潔かつ明瞭な説明を行うことを提唱します。法務的な部分だけ法務部門が報告することもあるかもしれませんが，それも含めて当該ビジネス案件ですから，事業部門が報告主体となるのがよいと筆者は考えています。マイナスのリスクを軽減するためにビジネスプランを変更するといった問題にも関わるためです。

　報告の際は，法的三段論法を意識するとよいでしょう。

・懸念となっているのはどのような法的ルールか

・現在の案件はどんな内容か，当該ルールに当てはまるのか

・当該ルール適用の有無（あわせて問題点の克服可否）

を順に述べれば，すっきりと説明することができると思います。

現場で使えるTips　リスクを正しく説明する

　報告を受けて意思決定をする上司や経営層は，その案件のリスクを正しく認識したいと考えているはずです。

　簡潔かつ明瞭にというのが報告のセオリーですが，他方で，重大なリスクなのかどうか，法務部門からのアドバイスを踏まえてどのように対処するのかについても説明することが重要です。この観点も忘れないようにしましょう。

② 法務レビューを踏まえたビジネスジャッジ

　管理職は，法務部門の見解も聞きつつ，ビジネスをどのように展開するのか決断する必要があります。時折，法務部門に案件の内容や進め方等，ビジネスジャッジに踏み込んだ内容まで質問する方がいます。法務部門にとっては信頼されていると感じるものの，本来は事業部門の職責ですので，**当該案件の実務担当者が当事者意識を持って，また，自信を持って決めなければなりません。**

　企業によっては，法務担当者の見解が尊重されているケースもあると聞きますが，その場合でも，その見解を採用した事業部門が最終的には判断した，と整理することになるでしょう。社内手続き上，上司や経営層の決裁や承認がなされる案件であっても，管理職が提案内容を固めて承認のお伺いを立てていますから，完全に上司や経営層に委ねているわけではありません。管理職は，自身の関与のもとにビジネスが進行していることを忘れてはいけません。

　経営上の意思決定をするにあたり，まったく何の懸念もない案件は考えにくく，想定されるリスクを軽減できないか十分に見極める必要があります。ビジネスジャッジを下す際には，法令上のペナルティ（刑事罰か否か）や，民事上の責任の発生可能性等を考慮しましょう。

　経営上の意思決定というと，重大な案件が思い浮かびますが，そうでない案件でも，法務レビューの結果を踏まえてビジネスジャッジをしなければならない局面は登場します。

　例えば，倉庫業者に社内の重要文書の保管を委託する場合を挙げましょう。倉庫業者から示された契約書は，約款の適用があることが定められており，倉庫業者側の免責事由は広範なものとなっていました。例えば，ゲリラ豪雨による雨漏りで重要文書が水没した場合でも倉庫業者側は免責されます。免責の範囲を狭めるように要望しても約款の修正はもとより，特約の締結も受け入れられる見込みはほぼありません。仮に免責の範囲を狭められたとしても，料金に跳ね返ります。他の倉庫業者を探しても似たような条件です。事実上，原案を受け入れるか契約しないかの二択です。雨漏りリスクが顕在化したときのインパクトは，思うような補償が受けられないことです。近年，ゲリラ豪雨はどこで起きても不思議ではありませんが，雨漏りリスクの発現可能性をどう見るか，事業部門で決断しなければなりません。

　契約交渉の結果，すべての条項を自社に有利に変更することはできません。そのため，リスク含みで案件を進めるか，その案件自体を止める等別の進め方をするのかという判断が求められる局面は少なくありません。

（6）対部下の法務スキル

　管理職が部下に対して発揮する法務スキルは，育成の観点と組織マネジメントの観点の2つがあります。

①　育成の観点

　管理職が自ら法務部門への契約書審査依頼を行うことでもよいのですが，自分の部下にも積極的に関与・担当してもらうことで，部下のビジネスに対する理解が促進され，また，他部署と連携するよいトレーニングになります。

　例えば，法務部門への契約書審査依頼の際に，部下に，案件の概要等の前提情報を整理してもらいます。取引相手から契約書案を受領していれば確認してもらい，気になる点をピックアップしてもらいます。あるいは，法務部門とのミーティングに同席してメモを取ってもらうこと，法務部門からのアドバイスを受けてビジネススキームの変更を検討するのであれば，その検討に参加してもらうことが考えられます。また，契約書案は1人ではなく複数の目線でチェックしたほうが，抜け漏れや勘違いを防ぎやすいというメリットもあります。

　管理職は，上記を単に作業としてやらせるのではなく，**管理職自身が法的なポイントを理解したうえで，目的や背景も含めて指示・指導してください。**

　なお，筆者の経験上，契約書審査依頼をしてきた担当者が案件の背景を把握しておらず，上司から「契約書案を法務に見てもらえ」とだけ指示されているように疑われるケースが残念ながら少なくありません。部下に契約書審査を丸投げすることはやめましょう。

②　組織マネジメントの観点

　例えば，下請法やインサイダー取引規制等は，管理職1人が理解しているだけではなく，組織として法令を理解し，見落としがないように，また互いに注

意喚起できるようにしておくのが望ましいといえます。

　購買部門であれば，日常的に業務で下請法に留意しています。そのため，故意に違反することはあまり考えにくく，むしろ，当該案件における勘違いや点検漏れ等が原因となって，下請法に違反してしまうのではないかと推測しています。

　そこで，部下にも下請法を学習してもらい，複数の目でチェックする体制を敷いておけば，勘違いや点検漏れによる法令違反を防ぐことができます。

（7）対取引先の法務スキル

　取引先に対する法務スキルとして取り上げられることもある交渉能力については第4章で説明していますので，そちらで学習してください。

　ここでは，法律的な議論を含む契約交渉も，ビジネスの実態面をいかにして書面に落とし込んでルール化するのかという取組みであることを強調しておきます。

　取引先が提示した契約書の修正案は，法務部門が作成します。主要な条項については，なぜそのように修正するのかというコメントも付されます。修正案のファイルを取引先に送付した後，自社と取引先の法務部門同士がファイル上で"応酬"することがよくあります。

　他方，事業部門同士で話し合うこともあります。法務的な論点について，いったん持ち帰ることでもよいのですが，法務部門の修正案の狙いやコメントの意味するところを理解していたほうが，取引先と充実したやり取りができます。**契約書は当該ビジネスをどのように規律するのかを定めるもの**ですから，事業部門は**ビジネスに引き付けて自社の修正案の内容を説明できるようになりましょう。**

　これは筆者の感覚的なものですが，交渉の場面で，単に法律論や抽象的な価値判断に基づいて主張するのではなく，ビジネスの実態面に即して要望するほうが取引先にとって納得感が得られやすく，受け入れてもらいやすい印象があります。こうした交渉をするには，事業部門の力がどうしても必要です。

Column 3 ▶ 社内向け法務コメント

　契約書案のワードファイルに法務部門が付けるコメントには，社外向けのものと，社内向けのものとがあります。社内向けコメントを付ける理由は，

　　・事業部門に質問し，その回答によって修正するか否かを決めたい
　　・取引先との交渉における方針を相談したい
　　・取引先が見落としている点を社内で共有しておきたい
　　・取引先の意図や狙いを推測して事業部門と共有している

等さまざまです。ともかく，内容的にはまだ取引先に出せないものです。

　しかし，社内向けコメントである旨を記載しておいても，誤って取引先に提示されてしまうケースが発生します。筆者が知る限り，世間の法務担当者の多くも，社内向けコメントが書かれたファイルを取引先に送付される経験をしています。しかも1度や2度ではありません。

　単なる連絡ミスであり，うっかり送付してしまうこともありますので，社内向けコメントは契約書修正案のファイルには記載しないで，メールの本文等に記載するようにすれば，このような事態を防ぐことができます。契約書修正案は社外向けに提示できる状態のものを作成すればよいのです。

　ただ，筆者は，社内向けコメント誤送信問題の原因は，契約書や法的な内容の文章に対する苦手意識にもあるように感じています。ただでさえややこしい契約書に込み入った修正履歴が付けられ，小難しいコメントまで書かれているファイルを丹念に読もうとする殊勝な方は少ないはずです。事業部門担当者の中には，「取引先への修正案を法務部門が（やっと）送ってくれたぞ。ファイルには何だかいろいろ書いてあるけれど，相手の担当者も話せばわかる感じの人だし，とりあえず送信しておこう」という方が少なからずいるのではと考えています。

　ここまで読んでこられた皆さんが，法務部門のコメントを少し読んでやろうかと思っていただけるようになっていれば，これほど嬉しいことはありません。

第 4 章

ヒューマンスキル

第1節 ｜ 主なヒューマンスキルとその重要性

（1）ヒューマンスキルとは

　ヒューマンスキルとは，他者との良好な人間関係を構築し，円滑なコミュニケーションを可能とするスキルのことです。そのため，どの階層においても重要なスキルだといえますが，企業における「コミュニケーションの要」であるミドル層においては，殊更に重要なスキルといえるでしょう。

　ハードスキル編で取り上げた各領域で紹介した高度な知識を身につけても，高度な資格を取っても，それを活かすも殺すもこのヒューマンスキルにかかっているといっても過言ではないでしょう。実際，筆者も専門資格を保有する人材ばかりで構成されている組織に所属していた際に，ヒューマンスキルがない人材は活躍できていなかったように思います。もちろん，例外的にずば抜けた知識量を有し，専門家の中でも図鑑のように重宝がられる人もいましたが，それは一部の例外にすぎませんでした。

　ヒューマンスキルは概念的なスキルであるため，身につけるのも身についたかの確認もハードスキル領域以上に困難な面はありますが，トレーニングによって求められる一定の水準レベルまで身につけられるものだと考えています。

（2）主なヒューマンスキル

　ヒューマンスキルとはどういったものなのでしょうか？　ここでは，代表的な7つのヒューマンスキルについて，わかりやすく解説していきたいと思います。

【7つのヒューマンスキル】
- コミュニケーション能力
- ヒアリング能力（傾聴力）
- 交渉能力

- プレゼンテーション能力
- 動機付け（モティベーション）能力
- 向上心
- リーダーシップ能力

①　コミュニケーション能力

　「コミュニケーション能力」とは，人間関係をストレスなく構築・維持する能力であり，**ヒューマンスキルの根幹をなすスキル**だといわれています。朝，出社して上司や同僚や部下に挨拶をしたり，何気ない会話を振ったりすることで場が和やかになるシーンを見たことがあると思いますが，これも「コミュニケーション能力」が発揮されている瞬間だといえます。実際，筆者も会議でローワー層がトップ層を前に緊張しているときなどに場を和ますような言葉を意識して発することで，会議で自由闊達に会話ができるように仕掛けることもあります。

　厚生労働省が公表している「平成30年若年者雇用実態調査の概況」によると，企業が採用時に重視する能力で最も重視するのが「チャレンジ精神」（77.9％）で，次いで「コミュニケーション能力」（71.1％）となっています。それだけ，ビジネスの世界で「コミュニケーション能力」というものが重要だと企業サイドも捉えているという現れなのでしょう。「コミュニケーション能力」は一朝一夕で身につくものではないので，時間がない企業などはある程度それが備わっている学生を採用したいということなのでしょう。しかし，「コミュニケーション能力」などのヒューマンスキルも適切なトレーニングをすることで一定レベルまで向上するという考えのもと，本書は執筆しています。

②　ヒアリング能力（傾聴力）

　ヒアリング能力とは，相手の言葉に耳を傾け，相手のことをしっかりと理解する能力のことです。ヒューマンスキルの部分で意外と見落としがちですが，重要な能力がこのヒアリング能力です。「傾聴力」や「聞く力」という言葉で表現されることもあります。本書では，ヒアリング能力という言葉よりも「傾

聴力」という言葉のほうが読者の皆さんに本質を理解していただきやすいと思うので，これ以降「傾聴力」という言葉を使います。

　海外進出や新規の事業展開に取り組む企業が増える中，多くの企業では，「積極性」や「外向性」を重視した人材登用が進んでいることと思います。しかし，筆者らがこれまで体験した職場の中でも，決して外向的でない，むしろ内向的ではあるものの周囲から慕われ，信頼される人材も一定数存在しました。そういう人は，おおむね話し相手のことを少しでも理解しようと心を傾ける，いわゆる「傾聴」ができているのだと思います。

　会議や打ち合わせでは，「傾聴力」は決して目立たない能力です。実際，話が上手い人は人目をひきますし，受けがよいのも事実です。ですが，この「傾聴力」という能力は，内向的な人には強い武器になりますし，外交的な人にとっては言いたいことだけ言って，知らないうちに人から信頼されなくなったりすることを防ぐ意味でも重要な能力だといえます。

③　交渉能力

　「交渉」というと，映画やドラマのように，社運をかけた交渉だとか，刑事ドラマの犯人との交渉のような緊迫したやり取りのイメージが思い浮かぶのではないでしょうか。しかし，実際には，私たちの生活のいたるところで交渉に含まれるシーンが見受けられます。上司との打ち合わせ，取引先への営業，プライベートでのやり取りなどすべてが「交渉」に含まれます。

　「交渉」とは，複数の人が将来のことについて話し合い，協力して行動するための取決めをすることなのです。交渉は，過去ではなく未来に向かって，交渉相手の利害を明らかにし，お互いの利害を満足させなければなりません。実際の交渉の実務では意識しないことですが，交渉学の分野の考え方も踏まえ，簡単に交渉の基本プロセスを図表4-1のとおりまとめました。

●交渉プロセス

　交渉のスタートは，**交渉のそもそもの要因が何かを明らかにする**ことから始まります。表面的な要求のみにとらわれていると，背後にある利害を見極めることができなくなります。この**利害を冷静に見極める**ことにより，次のステッ

プの交渉戦略が可能となるのです。交渉には，複数の条件を組み合わせる「統合型交渉」と，1つの条件について争う「配分型交渉」があります。「配分型交渉」は，ある一定量の便益あるいは損害を，自分と交渉相手のそれぞれがどれだけ負担するかについて，話し合いで決着をつけることと理解してください。交渉によって自分と相手に発生する利益の合計は，常に一定であるため，あまり生産的な交渉ではないといわれています。

図表4-1　交渉プロセス

分 析	交渉戦略	交 渉
交渉の要因は何か（問題点・論点）を明確にする。 ・交渉相手の本音（利害）を明確にする。表面的な要求のみにとらわれない。 ・交渉相手に感情的にならずに問題点を冷静に見極める。	交渉戦略の検討 ・統合型交渉or分配型交渉？ ・理想的なゴールの確認 ・交渉の判断基準（BATNA※1）の明確化 ・交渉相手とのWin-Winになる合意可能領域（ZOPA※2）の見極め ・交渉の人選 ・交渉の戦術 ※1：Best Alternative to a Negotiated Agreementの略語 ※2：Zone of Possible Agreementの略語	実際の交渉の実践 交渉成立に必要な要素 ・信頼関係 ・コミュニケーションスキル ・多面的な視点

　もう1つの「統合型交渉」は，複数の取引条件を組み合わせることで，「この条件は譲るから，あの条件は譲ってほしい」という組み合わせで落としどころを見つける交渉で，**Win-Winになる合意可能な領域を見極める交渉**といえます。合意可能な領域をZOPA（ゾーパ）といいますが，ZOPAを見極めるための交渉の判断基準であるBATNA（バトナ）を明確にしたうえで，交渉戦略を立てることが重要です。これらがしっかり備えられていないと実際の交渉実践の時に，期待される落としどころで話がまとまることはありません。こういった交渉戦略ステップが適切に対処されたうえで，最後に実際の交渉で交渉相

手と一定の信頼関係を築きつつ多面的な視点から交渉を捉え，落としどころに話を持っていくのです。

　交渉の実践では，多様な心理学的テクニックなども活用されることが多いですが，交渉力の基礎を固めるうえでは，まずはこの基本プロセスをもとに自身ができていることとできていないことを明確化することが大切になっていきます。

④　プレゼンテーション能力

　Microsoft社のPowerPointが2000年頃から一般的に利用され出してから，プレゼンテーション（以下「プレゼン」）は，ビジネスパーソンの日常にしっかり定着しました。1990年代後半あたりからPowerPointが活用され始め，その頃からクライアント先への提案業務，上司や関連部署向けの報告会や検討会などでプレゼンの機会がますます増えていったように思います。

　筆者らの勤務先である東和薬品とTISで，高校生を対象とした「高校生ビジネスコンテスト」というものを2019年度から実施しているのですが，その大会のファイナリストのプレゼンを審査員として見る機会に恵まれました。驚くことに，彼らは難なくPowerPointを駆使し，大人顔負けのプレゼンをやってのけるのです。学校で指導されているのか，自分たちで勉強しているのかは不明ですが，本書で説明する基本となるポイントをしっかり押さえて明日からでもビジネスパーソンとしてやっていけるようなレベルの学生が多数いたのです。そういった高校生をみて，社会人が基本を押さえられないようではだめだと改めて思い，筆者の職場でも基本トレーニングと実際のプレゼンでのOJTを組み合わせて育成に努めています。本書では，その内容も踏まえてプレゼン能力について解説します。

　今やプレゼンは，ビジネスパーソンはもとより，高校生や大学生でも要求されるような時代になっています。それができない人が管理職以上の役割を担えるかというと，厳しいといっても過言ではないでしょう。筆者も，社会人になってから，社内外でのプレゼン，社外セミナー講師など多数経験していますが，プレゼンをしない週はないというぐらい日常に定着しています。このスキルが身についていない人は本当につらいだろうなと実感します。ここでは，ヒュー

マンスキルの1つとして紹介しているので，すべてを紹介することはできませんが，重要なポイントと参考になる情報を紹介します。

● プレゼンテーションの重要要素

　プレゼンの重要要素は，図表4-2にあるように「Speech（話し方）」「Material（資料）」「Scenario（シナリオ）」の3つだと考えています。プレゼンといえば「Speech（話し方）」だと考え，自分は口下手だからダメだと決め付けたり，「Material（資料）」にだけ着目して，PowerPointの操作ばかり練習している人も少なくありません。もちろん，話し上手だったり，PowerPoint操作能力が高いことは役には立ちますが，それはプレゼン能力の一部にすぎません。プレゼンが苦手だと思っている人でもプレゼンスキルの重要なポイントを押さえられれば，一定レベルまでスキルアップすることはそれほど難しいことではないと思いますので，是非頑張ってもらいたいと思います。

　プレゼンスキルの重要な3つの要素ごとに，簡単に解説します。

図表4-2　プレゼンテーションの3要素

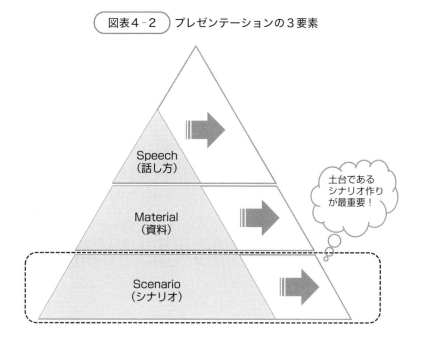

● Speech（話し方）の練習方法

　まず，「Speech（話し方）」ですが，これを強化するために，同僚など気心の知れたメンバーの中でロールプレイングをして練習されたことがある読者もいるのではないでしょうか。筆者も20代の若手の頃に同僚や先輩と役割を決めて，ロールプレイングをやった経験があります。ロールプレイングは，自分（提案者・営業マン役）と相手（提案先・取引先役）とオブザーバー役がいるものです。実は，**ロールプレイングで最も重要なのは，オブザーバー役による「客観的な指摘をもとにした改善行為」**です。そのため，オブザーバー役が当該ロールプレイングの問題点を的確に指摘できることと，本人がその指摘を「素直に」受け入れて改善するところが，何より大切なのです。

● Scenario（シナリオ）検討から始めよう！

　次に，「Material（資料）」と「Scenario（シナリオ）」について解説します。皆さんは，プレゼン資料を作成する際に，いきなりPowerPointを立ち上げたりしていませんか？　単純な資料でひな型も決まっていればそれでもいいですが，まったく新しい内容をプレゼンする資料の場合は，いきなりPowerPointに打ち込むのは得策ではないと思います。しっかりとしたプレゼンをする人の多くは，まずノートなどに構想であるシナリオを落書きのように書いています。いきなり資料を作成するほうが時間の短縮になると思うかもしれませんが，大抵の人は新しい内容に関するプレゼン資料をいきなり作成しようとすると，ボンヤリとパソコンと向き合い，時間ばかり過ぎてしまいます。そのため，PowerPointで**資料作成をする前に，手書きでシナリオをまとめてからのほうが時間的にも短縮でき，内容的にもしっかりした資料ができます**。

　構想であるシナリオを検討するうえで，何をおいても確認するのは，当該プレゼンの目的と相手です。通常，プレゼンの目的は大きく分けて，「相手に説明し理解させる」か「相手に提案し検討させる」かの2つになります。一方，プレゼンの相手は，「社内関係者」か「取引先（顧客）」の2つが基本になります。

● シナリオ検討プロセス

　そのうえで，図表4-3にあるようなシナリオ作成の考え方に基づいて検討すれば，慣れていない人でもある程度練られたプレゼン資料ができます。具体例は後述するとして，ここでは図表4-3をもとに概要を説明します。「相手に説明し理解させる」プレゼンでも，「相手に提案し検討させる」プレゼンにしても，当該プレゼンテーマの「理想」と「現状」を比較し，そのギャップを分析し，課題を明確にすることから内容を整理すると，論点が比較的明確になりやすいと思います。そのうえで解決策を検討し，その検討内容を資料に起こしていくアプローチをお勧めします。**慣れないうちは，このような枠組みの中で整理するということを意識してみてください**。慣れてくると，このような枠組みがなくても，自分なりにシナリオが組めるようになります。

208

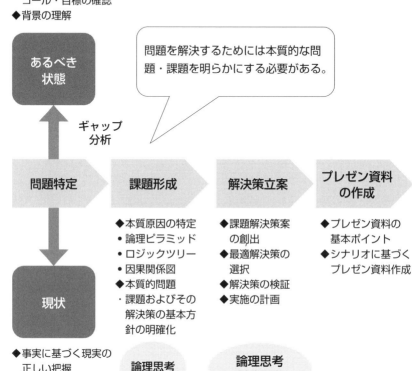

図表4-3　Scenario（シナリオ）作成をするうえでの考え方

具体的な事例は第2節で説明しますので，ここではプレゼンにおける若干の留意事項を説明しておきたいと思います。

● スライドの枚数とプレゼン時間との関係

スライドの枚数については，さまざまなご意見があると思いますが，中表紙

や参考資料は別として考えるのであれば，**スライド1枚で3分程度を目安にす**ればいいかと思います。つまり，30分程度で10枚，1時間で20枚程度が経験的に妥当な枚数かと思います。筆者はこれまで，クライアント先および社内会議や学会，大学の講義などさまざまな場所でプレゼンをやってきましたので，多少枚数が少なくても多くてもほぼ時間どおりにプレゼンを終えることができます。**まだ慣れていない人は，やや少なめで本体スライドを作成し，時間調整用のスライドを参考資料に入れておいて，いざとなればそれらを活用して無理なく時間を埋めるのもよい方法**です。

● スライド1枚当たりに入れる文字数と情報量

　スライド1枚当たりに入れる文字数と情報量について，さまざまな書籍でフォントは何がよくて何文字までとか書かれていますが，筆者は誰を対象にどういうシーンで使用するかによって検討すればよいかと思います。現在の職場でも，経営会議のような場で使用するスライドは文字数も少なく大きめのフォントを使用して，細かい部分は口頭で補足することを多くしています。一方で，

図表4-4　スライド1枚当たりの文字数と情報量

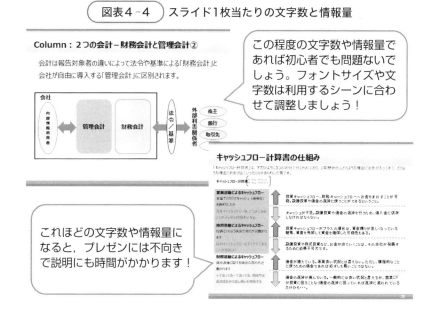

従業員向けの研修会などでは研修後の復習のことも考え，小さめのフォントで文字数が多少多くなってもかまわないと思って作成しています。加えて，映写用と配付用でスライドを作成し，映写用は見やすくし，細かい情報は配付用のみにするなどの使い分けをすることもあります。参考までに，図表4-4に筆者が今の職場で研修用に利用している実際のスライドを示しますので，どの程度の文字数や情報量がプレゼンに向いているかを感覚的に理解してもらえればと思います。

● その他の留意事項

　その他，「文字揃え」はきっちり揃えましょう。そういう雑な作りのスライドは意外と皆気づくものです。筆者は部下のスライドをレビューする際には必ず指摘しています。また，「文章の行間隔」などもある程度広げておくことで読みやすくなるので，中高年の方が見るスライドはそういう部分も意識しましょう。何においても，相手のことを少し思いやって仕事をすることは大切なことですね。

　最後に，スライドの枚数が多い場合は，図表4-5のように中表紙を入れたり，各スライドの角にガイドするような図を付けるなどの工夫をして，今どの部分をプレゼンしているか参加者がわかりやすいようにしましょう。留意事項を挙げれば枚挙にいとまがないですが，**プレゼンの目的と参加者がどういった人たちかはもちろんのこと，資料で何を訴えたいか強く意識をして資料を作成するということが，何より大切**だと考えてください。

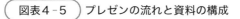

図表4-5　プレゼンの流れと資料の構成

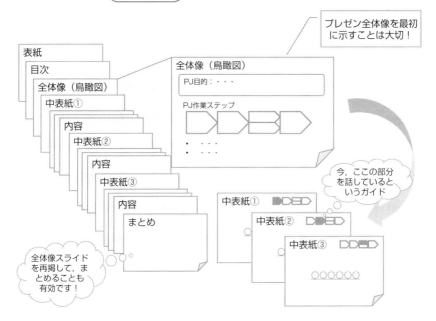

⑤　リーダーシップ能力／モティベーション（動機付け）能力

　「リーダーシップ能力」と「モティベーション（動機付け）能力」は密接に関係しているので，ここではまとめて説明することにします。リーダーシップを発揮することは，部下のモティベーションを上げることにもつながりますので，この２つの能力は車の両輪のような関係といえ，一体として説明したほうがわかりやすいのです。

　リーダーシップとは，一般的に指導者としての資質・能力・力量・統率力のことを指します。古い考え方をする人の中では，リーダーは「人々を強力に引っ張る人」と捉えられがちですが，**肩書きや地位で部下や後輩などがついてくるのは真のリーダーシップではありません**。もはや，そんな時代ではないと考えるべきでしょう。

　次に，モティベーションですが，日本語では「動機付け」と訳されます。通常は，やる気の意味で使われることが多いのではないでしょうか。もう少し具

体的に説明しますと，モティベーションとは「人が何かしらの行動をするために必要な原動力」といえます。具体的な例を交えた解説は第2節で行いますが，本書で取り上げるモティベーションは自分自身のモティベーションというよりは，部下や後輩にいかにやる気を出させるか，つまりモティベーションを上げさせることができるかが焦点になります。

● 優秀な管理職が実践するリーダーシップ

　優秀な管理職が実践しているリーダーシップについて，ヒアリングにご協力いただいた人材開発の第一線で活躍されている方々や筆者らの経験から，おおむね下記のようなことを実践しているという共通点が見えてきました。これらの各項目を考えてみると，それぞれ部下のモティベーション向上に密接に関連しているので，両概念がいかに一体的なものかがわかります。もちろん，これができれば誰もが優秀な管理職になれるわけではありませんが，少なくとも弱い部分があれば実践して損をすることはないので，参考にしていただければ幸いです。

【優秀な管理職が大切にしていること】
- 部下を信頼し仕事を任せる
- フラットな関係で会話できる環境を構築する
- 会話の量を増やす
- 組織の価値観や方向性を浸透させる
- 実践や行動を一緒にする

「**部下を信頼し仕事を任せる**」は，第2節でも解説しますが，読者の皆さんの周辺には，管理職で優秀な方がプレイングマネジャーになっていて，マネジメントができていない人がいるのではないでしょうか。

　部下に"うまく"仕事を任せるのは管理職に求められる重要な能力の1つだと考えられますが，**丸投げではなく部下が前向きに取り組む気にならせるまでが仕事**だと筆者は考えています。そう考えると，それが容易でないことだとご

理解いただけると思います。部下のやる気を引き出すのにはさまざまな働きかけが複合的に絡んでいるので，本章の各所で触れていきたいと思います。

　「**フラットな関係で会話できる環境を構築する**」については，筆者が最も実践している（少なくともしようとしている）ことです。

　"モノ消費"が一般的な時代であれば，会社や組織が決めたことをそのまま遂行していればよかったのかもしれませんが，世の中が"コト消費"の時代になり，「自発的に考える」ことが求められる状況においては，そのような考え方は通用しなくなってきています。そういう時代においては，部下の力をうまく発揮させ，それをチームとしてまとめ上げていく必要があります。そのためには，管理職が部下と「フラットな関係」を構築する必要があります。実際，私の職場では，部下から無駄な気遣いをさせないように，会話でもメールでも気を付けるように努めています。部下が気持ちよく自分たちの意見やアイデアを言ってくれるほうが，よりよい仕事ができると考えるためです。加えて，メール1本でも相手が気を遣う上司だと，どういう文章を書こうかと考える時間や前置き文を書く時間が発生し，ただでさえ時間に追われる実務現場において，無駄な時間を生み出す温床になっていると考えています。ただし，"なあなあ"の関係になり，管理職が下に見られるようなことは，ここでいう「フラットな関係」ではないことを付け加えておきます。管理職は職場を"ワンチーム"にまとめ上げるために，**自分自身も研鑽を積んでいる姿を部下に見せ，部分的にでも部下に認められる存在でなければなりません。**少なくとも，そうなれるように努力をしなければならないと思います。

　「**会話の量を増やす**」は，形式的な会議のことではありません。むしろ，会議は必要最小限にとどめるべきだと思います。会議そのものが目的になり，その準備に多くの人間が大量の時間を費やすのは，どこの会社でも見られがちな光景ではないでしょうか。

　つまり，ここでいう会話の量を増やすというのは，職場の部下らとの何気ない会話を増やすことにほかなりません。現在取り組んでいる仕事のことでも，多少ずれた話でも構いません。そういう会話を普段からしておくことやそれができる環境を作っておくことで，業務上の誤解の解消や情報共有などが促進され，結果的に業務も効率化するのだと考えているのです。

● 雑談力について

　そういうことに世間も気付いてきたのか，最近は書店で「雑談力」という言葉をよく目にします。雑談は人と人をつなぐ最初の接点で，営業などの一部の部署に限らず，どんな仕事でも，まずは雑談から始まるものです。この**ちょっとしたやり取りの中で，お互いに共感が生まれ，理解が深まり，それがのちの信頼関係の礎となるので，部下との多少の雑談はむしろ意識してでもすべき**だと考えています。筆者は元来人と話すのが好きなので，自然とできますが，苦手な管理職は意識してでもそういう会話を大切にするべきかと思います。自分に関心を持たない上司に部下も興味を持ってはくれないものです。

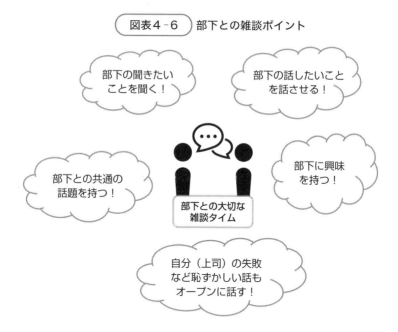

図表4‐6　部下との雑談ポイント

部下の聞きたい
ことを聞く！

部下の話したいこと
を話させる！

部下との共通の
話題を持つ！

部下に興味
を持つ！

部下との大切な
雑談タイム

自分（上司）の失敗
など恥ずかしい話も
オープンに話す！

　「**組織の価値観や方向性を浸透させる**」は，部下が自発的に能力を発揮して動いてもらううえで基礎となることなので，非常に大切なことです。**業務の裏にある意義や目的を理解していない行動は長続きしません**し，よい仕事には決してつながらないものです。筆者が勤務している会社でも，経営者が将来を見据え，作業を機械的にするのではなく業務の意義や目的を理解した（腹落ちさ

せた）うえで，現場が自発的に業務に向かってほしいということをよく言います。

　つまり，この会社，この組織の考え方はどういうものかということを具体的に部下に浸透させるのは，ミドルクラスの管理職がやらなければならない重要な使命の1つになります。管理職がその役割を果たさない限り，いくら立派なビジョンやミッション，経営方針などを会社が打ち出したとしても，現場が同じベクトルに向かって力が結集していくはずもありません。そのために，**管理職は組織の価値観や方向性を日々の業務を進める中で，丁寧に部下に説明したり，時には実践して見せていく必要がある**のだと思います。

　最後に，「**実践や行動を一緒にする**」ですが，自分が実践していない人から命令されることを部下がどこまで前向きに自発的に実践すると思いますか？「自分ができていないことを偉そうに言われても…」「具体的にどうやって進めるか示してほしい」など腹の中で思われるのが関の山です。一方で，管理職からは，「やっと管理職になったのにそんな自分で実践なんか何でしないといけないのか」と思うかもしれません。しかし，**失敗しても，部下より苦手なことでも，ある意味さらけ出して真剣に取り組むことで得られる部下の信頼感**というものもあります。管理職といえども，複数の部下を相手にすべての領域に上回ることなど到底不可能なのはいうまでもありません。管理職自身も自分の強みと弱みを振り返る機会にもなりますし，部下からすれば上司がそこまで自分たちにさらけ出してくれる（信頼してくれる）ことを信頼で応えようとするのではないでしょうか。いわゆる，人間が持つ「返報性の原理」のようなものが働くのだと思います。

　これら以外にも，管理職が実践すべきことは多数あると思いますが，ここではこの領域についてこの程度の説明とさせてもらいます。

⑥　向上心

　向上心とは「前向きに自身のスキルを磨き（学び）続ける能力」のことです。向上心は，ヒューマンスキルの中でも個人で完結するところに特徴があります。しかし，管理職が部下のキャリアプランの構築をサポートすることも求められる局面もあるので，管理職として身につけておきたいスキルといえるでしょう。

● 「学び」を継続するために

　「継続は力なり」という言葉があるように，「学び」を継続していることさえできれば，個人差はあるにせよ最終的に自分自身が納得できるだけの力がつくと思います。しかし，その継続していくことが難しいのは周知のとおりです。では，なぜ前向きに「学び」続けることがそれほど困難なのでしょうか？　理由はいろいろあると思いますが，大きな問題としては，**「キャリアビジョンの設定」と，自分自身を学び続けさせるための仕掛け，つまり，「学び」のPDCAサイクルが確立できていない**という2つがあると思います。

● 自らを腹落ちさせるキャリアビジョン

　何を「学び」続けるにしても，スランプはつきもので，そこで精神的に折れると「学び」が継続できなくなります。筆者自身も何度もそのような経験がありますが，一方で，精神的に乗り越えられる時も多くありました。その違いは何なのか，筆者自身の経験を振り返って考えてみると，自分自身の中で腹落ちした明確な目的があるかないかが重要な鍵になるのではないでしょうか。つまり，**本心から自分が納得できる（向上心を持ち続けることができる）だけの目的が設定できているか**ということが重要なのだと思います。目的を明確にすることは容易ではありませんが，これは「学び」を続けるために必要不可欠な大前提になってくる要素だと思います。もちろん，目的も時とともにある程度変化していくものですので，あまり厳格に捉えずに，キャリアを重ねていく過程で適宜修正をかけていけばよいのだと思います。

● 学び続けるための仕掛け作り

　目的の設定，つまり「キャリアビジョンの設定」の次に重要なのが，「学び」続けるための仕組み（仕掛け）作りです。

　企業の経営がそうであるように，大きなビジョンを実現するためには，ある程度の中長期計画がないと具体的な活動には落とし込めません。そこで，キャリアビジョンを見据えて，それを達成していくためのPDCAサイクルによる仕掛け作りをすることをお勧めします。

　キャリアというものは結果であって，デザインできるようなものではないと

いう人もいますが，果たしてそうなのでしょうか？　確かに，現代のように社会環境が目まぐるしく変化する中で数年先を読むのは至難の業であり，キャリアの大半が予測しない偶然の出来事に支配されているのも事実です。しかし，だからといって運に身を任せるだけでよいものでしょうか？

　筆者自身の経験からいえば，**自分の思考や行動次第で，自分にとってより好ましい偶然が起こる可能性を高めることができる**と思います。自分が実現したいキャリアビジョンに基づく思考や行動を日常から心がけていれば，自分にとっていい出会いや情報が集まりやすくなるものです。自分がキャリアビジョンを実現するために，常にどうすればいいか考え，そして行動する習慣をつけることが必要なのです。

第2節 ┃ 管理職に求められるヒューマンスキルとその実践

　第1節で，ヒューマンスキルというものがどういうものかということを理解していただけたと思いますが，本節では，「管理職であればそれをどの程度身につけなければならないのか」や「それぞれのスキルを向上させるための具体的な手法等」について解説します。

（1）コミュニケーション能力

　第1節では，コミュニケーション能力の概要のみを取り上げましたが，ここでは，具体的なシーンも取り上げながら管理職に求められる「コミュニケーション能力」の程度とそれを磨く方法について検討します。

　コミュニケーション能力は，ビジネスの現場においてさまざまな状況で求められます。特徴的なところだと，会議，文書（メールを含む），電話だと思いますので，自身が管理職になったと思って少し考えてみましょう。なお，電話については，本来はローワー層レベルで身につけておくべきことなので本書では割愛しますが，リモートワークで社外の方と接触が増えてきているので，その点については少し触れたいと思います。

① 会　議

　まず，会議からお話します。会議は，複数の人が絡むコミュニケーションの場の１つですが，職場では毎日のように行われていることでしょう。会議の目的はさまざまあると考えている方もいるかと思いますが，筆者は**会議の目的は「合意形成」と「情報共有」の２つに収斂する**ものと考えています。

　「合意形成」を目的とする会議は，トップ層が経営方針や年度計画などを意思決定するための経営会議などのような影響力の大きな会議から，ミドル層が仕切る部門ごとの部内会議までさまざまだと思います。多くの企業では，「無駄な会議が多く，仕事がはかどらない」といった声が少なくありません。効率的かつ効果的な会議となっていない会議は，以下のいずれかに問題があるものです。

【会議設定上の留意点】
- **会議の目的を明確**にする（タイムテーブルを明確にしたアジェンダを事前に作成しておく）
- 会議のファシリテーターが**アジェンダに沿って適切にコントロール**する
- 参加者も事務局も**事前に会議資料に目を通しておく**
- 会議の運営ルールを決めて**参加者が認識を一致させたうえで進める**
- **定期的に会議の内容を見直し，改善すべき**ことを改める

　ミドル層は影響力の大きな会議に関わる場合もあるかもしれませんが，大半は部内の会議などへの参加だと思いますので，そういう会議を通じて上記のような会議の準備や進め方を理解したうえで，ファシリテーターなどの実践経験も積んでおくべきでしょう。トップ層など目上の人が参加する会議などは，とかくファシリテートするのが難しいので，まずは先輩や同僚らなど比較的気を遣わないメンバーが参加する会議でファシリテーションスキルを磨くことを意識してみるのもいいかもしれません。

　ファシリテーションに関してはさまざまな書籍や研修があるので，そういったものを活用して「ファシリテーションの基礎」を身につけることも有効だと

思います。特に，外部で実施されている研修などでは，座学でインプットする
だけでなく，実際にあるテーマを使って参加者の中でファシリテーションを実
体験するものがあるので，よい経験になると思います。

Column 4　ファシリテーターの心得

　討議が有意義なものになるかどうかは，ファシリテーターがやるべきことをやっ
ているかということに大きく影響するものです。

　事前準備は特に重要で，どのようなテーマで，どういったメンバーを集めて，ど
ういう方法でファシリテーションを実施するのかということを，実際の開催時のイ
メージからの逆算でしっかり設計しておく必要があります。これがしっかりできて
いるだけで，かなりうまくいくケースが多いように思います。

　実際，筆者も事前に「他者を批判しない」や「参加者を均等に発言させる」「事前
にアイデアを考えたカードを準備してもらう」などを事前に決めておくことで，ファ
シリテーターとして，より有意義な場を提供することができた経験があります。

　次に，ファシリテーション当日の話をしましょう。ここでは，ファシリテーター
が場をうまく回すという意味でコミュニケーションスキルが要求されるのはもちろ
んですが，筆者が**特に重要だと思うのは，構造化のスキル**です。物事の枠組みを表
すフレームワーク（構造化ツール）を必要に応じて活用することで，効率的・効果
的な議論が可能となります。SWOTやロジックツリーなどを活用した討議をした
ことがある読者もいるかと思います。最近では，さまざまなフレームワークを取り
上げた書籍が多数出ていますが，筆者の経験上，多くのフレームワークを知るより，
使いやすいフレームワークをしっかりとモノにすることのほうが有効だと思います。
実践の中で，使いやすいフレームワークを2，3使いこなせれば，後は場数をこな
すことだと思います。

　ファシリテーションの最後は合意形成ですが，最終的にはさまざまな案の中で方
向性を決定しないといけないので，**「現状できること（can）」「やらなければならな
いこと（must）」「したいこと（will）」を**考えて，異なる意見を融合・統合していく
必要があります。

② 文　書

　文書でのやり取りは，口頭でのコミュニケーションと異なり，下記のような点で口頭にはない重要性があります。

- 情報や考えを正確に伝達できる。
- 記録として残す。

　このような文書によるコミュニケーションの特徴を活かすも殺すも，文章力にかかっていますが，昨今，文章力の低下を感じています。最近の若い人はまともな日本語が書けないと適当に言う人もいますが，それは年齢だけで一括りにする問題ではないと考えています。ここでその原因を追究することはしませんが，筆者の経験上，年配でもまともな文章を書けない人もいれば，若手でもしっかりとした文章を書ける人もいます。

　文章力については，ビジネス上の資料を作成したり，レビューしたり，メールをやり取りしたりする際に必須のスキルであるのはいうまでもありません。このスキルが一定程度ないと，誤解を生んだりしてビジネス上のトラブルにもなりかねないですし，社外向けの資料などになると会社の信用を失うことにもなりかねません。筆者の職場では重視しているトレーニング領域の1つにしています。

Column 5 「文章読解・作成能力検定」を活用したトレーニング方法

検定受験（実力把握）▶ 社内研修 ▶ 自己学習／eラーニング ▶ 再受験

　グローバル化の進展に伴って，英語学習の必要性がいわれて久しいですが，筆者はその前段階として，そもそも日本語をキチンと話したり書いたりできない人が多いように思います。実際，二重敬称を使って「○○社長 様」と書いたり，取引先がいる前で自社の上司をつかまえて「○○課長がおっしゃるように…」と言ったり，自社内だけのミーティングで経営層に向かって「弊社は…」というようなシーンを見たことがある読者もいるのではないでしょうか。管理職以上はもちろんですが，日本語をきちんと使うのは社会人として必須のスキルと考え，筆者の職場では，**日本漢字能力検定協会が主催している「文章読解・作成能力検定2級」**を活用して，部門のメンバー全員がビジネスレベルの日本語をしっかり使えるようにすることに取

り組んでいます。

　同検定は，2・準2・3・4の各級がありますが，2級がいわゆるビジネスレベルなので，2級取得を部門の基本としています。進め方としては，本部の長である筆者から若手スタッフまで全員で受ける形で実施しています。本部長や部長が日本語をきちんと使えないのでは話にならないので，本試験については職位で例外は作らず，本部全員で公平にチャレンジしています。幸いにも，部長以上は筆者も含め，全員合格できたので，私も部下の部長もほっとしました。

　不合格だった者は社内研修やeラーニングなどを活用して，弱点を補強して再受験させています。試験合格も見える化という意味ではいいのですが，弱点を見える化し，改善することに意味があると思い，2019年から継続して続けています。外部とのメールや文書のやり取りもあるので，読者の皆さんも是非活用していただければと思います。

（2）ヒアリング能力（傾聴力）

　皆さんは，上司にしっかりと話を聞いてもらったことがありますか？　この質問をすると，あまりその経験はないという人のほうが多いものです。筆者自身は，自ら話しかける性格なので，前職でも現職でも上司としっかりと話をする機会に恵まれてきましたが，残念ながら周囲ではあまりそういうシーンを見ることがありません。儒教的色彩の強い日本と韓国の社会では，組織内における地位の上下が社会における主要な関係を形成しているといわれています。それゆえに，日本の組織では，上司が指示命令し，部下はそれに従うということで秩序を維持することが染みついているのだといわれています。したがって，上司は話を聞くことより話すことが優先され，傾聴力の低い管理職が増えるのだと考えられます。

　この上下関係を組織全体で改善するために，水平にすれば改善されるかというとそれほど簡単なものではありません。社会も組織も長い歴史の中で，秩序を保ちながら一定の成果を上げてきているという側面もあるため，そう単純ではないのは容易に想像がつくのではないでしょうか。組織全体でとなると容易ではない一方で，一定の小集団（部署単位）の中で少しずつ実践していくことは可能だと筆者は考えています。

● 話しやすい空気をつくる

　具体的には，当該小集団の長が傾聴することの大切さに理解があるのであれば，その長が「話しやすい空気を作る」ことで，明日からでも実践できることも多々あります。その前提として，その長に相当する人物自身が**「自身が部下だった時を思い出して，相手の気持ちになる」**ことが大切になってくるのです。部下が話しやすいように，仕事の直接的なテーマでなくてもいいので，何か部下との共通の話題を軸に雑談するのも決して悪いことではないと思います。**コミュニケーションを円滑にするには，自己理解と相手理解，そしてその先にある相互理解というものが重要になってきます。**何気ない雑談というのは，こういうお互いの理解を促進するうえで，実は大変役立つものだと思うのです。仕事の話ばかりだと，どうしても上下関係が出がちで，指導的な発言が出るものですので，一度試してはいかがでしょうか。

　職場の会議などでも，それぞれ個性の異なる人物が多様な意見を出し，ときには複雑な議論に及ぶこともあります。よい考えを持っているのに「考えていることを言語化するのが苦手」という人に対して，「わかりやすく言え」というのでなく，丁寧に耳を傾けて一緒に頭の中にあるものをひもといていくことができるというのも，重要な傾聴力といえます。

　皆さんの職場でも，雑談や会議を通じて，傾聴力を磨いていくことをお勧めします。

（3）交渉能力

　「交渉」は，「複数の人が将来のことについて話し合い，協力して行動するための取決めをする」ということはすでに述べましたが，ここでは管理職が遭遇する交渉のシーンを取り上げながら，管理職が備えなければならない交渉能力というものを考えてみたいと思います。以下の事例は，筆者が実体験したものを加工したものですが，交渉上の重要な要素は含んでいます。

【交渉事例：上司との交渉】

● 事例の背景

　AさんとBさんはコンサルタントをしています。Aさんは現場を取り仕切るマネジャー職で，Bさんは若手のホープのコンサルタントです。Aさんの上司には，Cさんという目先の利益にしか興味がない人物がいました。

　AさんとBさんは以前から，とある会社のコンサルティング業務の受注を目指し，足繁くクライアントの担当者との面談を重ねていました。一方で，Cさんは受注確度が低く，受注できたとしても大した金額にはならないと踏んで，クライアント先への訪問はAさんとBさんに丸投げで営業活動にはまったく参加していませんでした。

● イタい上司の参画

　そんな折，そのクライアントからかなりの規模の案件提案のチャンスをいただく話が舞い込んできました。AさんとBさんは早速これまでのクライアントとのやり取りをまとめて，提案の準備をすることにしました。その状況報告を受けたCさんは態度を豹変させ，プレゼンには自分も参加して君たちを助けてあげると言い出したのです。Bさんにとっては，クライアントとの関係構築からプレゼン資料作成に至るまですべてを自分で進めている初の重要案件ということもあり，Cさんの態度には強い不信感を抱きました。組織のルール上，Cさんも連れていかざるを得ないAさんは，3人でプレゼン資料の作成やプレゼンの進め方の事前打ち合わせをすることにしました。

　その場で，Cさんは提案内容についてずれた発言をしたうえで，そこにクライアントの役員も呼ぶようにアレンジしてほしいと言い出したのです。クライアントの要望，Bさんのこれまでの努力を踏まえると，Cさんの要望を安易に受けることができないとAさんは非常に悩みました。そこでAさんは，図表4-7のように提案方針とプレゼン当日の進め方について，その背景にある利害を踏まえ，落としどころを考えることにしました。

●個々人の利害を把握する

　まず，提案方針については，Aさん・BさんサイドとCさんとでは背景にある利害が異なっています。AさんとBさんはクライアントの人材育成に対する思いを汲んで，プロジェクトを「成果物サンプルを作成するためのパイロットフェーズ」と「そのサンプルを利用しての展開フェーズ」に分け，展開フェーズではクライアントの育成対象者をプロジェクトに組み込む提案書を作成しようと考えていました。ですが，クライアントの人材育成に対する思いを理解しようとしないCさんは，工数を増やす（つまり，受注額を増やす）ためにパイロットフェーズはなくし，準備作業のみにして，展開フェーズに厚みを持たせる提案にするようにAさんに指示してきました。加えて，Cさん自身の工数も多めに入れるように指示してきたのです。

　次に，提案当日のプレゼンテーションについても意見は完全に食い違いました。AさんとBさんは，提案当日の参加者はこれまで窓口をしてきてくれたクライアントの部長にお任せするつもりでした。一方，Cさんは自分の都合のみで，その部長の上司である役員を提案日に参加してもらうように指示してきました。さらに，当日のスピーカーについても，Cさんは自分が責任者としてプレゼン冒頭の話をして，ベテランのAさんに確実なプレゼンをさせるイメージでしたが，Aさんはこれまでの経緯とBさんの成長，クライアントサイドの信用度も含めてBさんにメインスピーカーをさせるのがよいと思っていました。

　図表4-7は登場人物の関係図です。提案方針とプレゼンの考え方や背景がAさん・BさんサイドとCさんは異なっているのは，すでに述べたとおりです。このような状況でAさんはクライアントに迷惑をかけずに，Cさんがある程度納得する落としどころを考えなくてはならなくなりました。

●提案方針のすり合わせ

　まず，提案書の方針については，Aさんはクライアントファーストということで，AさんとBさんの案であるパイロットフェーズでサンプルを作って，展開フェーズにつなげる自分たちの案をクライアントのためにも勧めることを軸に考えました。そうすると，Cさんの背景にある自身の営業数値の話がネック

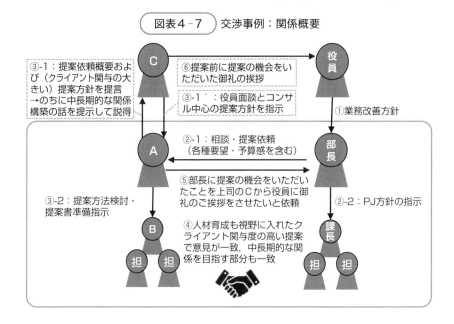

図表4-7　交渉事例：関係概要

になると考えたAさんは，Cさんに次のような話をしました。

　「コンサルタント主体の提案であれば今回のプロジェクトでの工数（報酬）は稼げるかもしれませんが，クライアントのご要望である人材育成を反映した提案ではないので，来期以降の追加の契約が取れなくなるリスクがあります。あの会社は，信頼関係を構築すればいろいろな領域でわれわれを使っていただける会社なので，中長期的な営業目線で考えたほうがよいかと思いますが，いかがでしょうか？」。

　CさんはAさんが自分の思惑を知らないと思い込んで，「クライアントの要望であれば仕方がないから，君たちがいう提案スキームで話を進めてもらえるかな」と，すんなりと受け入れました。案件継続の可能性をほのめかしたのがうまく働いたようです。

● 役員面談の要望への対応

　次にプレゼンについては，Cさんの言う役員を同席させる件は，Aさんも将来の展開を考えると面談することは悪くないと思う一方で，クライアントの部

長の立場を意識した動きを取ることも大切だと考えました。そのため，Aさんは提案当日の前に，今回の機会をクライアントの部長にいただいたことに対するお礼を当該役員にさせていただくという名目で，Cさんを連れて挨拶に伺うことにしました。これで，Cさんの要望とクライアントの部長の立場の両方を満たす形で乗り切ることができました。

● プレゼン当日の役割について

　残すはプレゼン当日のBさんの役割です。これについては，クライアントに「これまで御社の皆さんと密にコミュニケーションをとらせていただいたBがメインでスピーチさせていただきたいのですがいかがですか？」とクライアントに聞いたところ，「もちろん，AさんとBさんとでプレゼンはしてくれると思っていたし，Bさんがメイン部分を話してくれるのもまったく違和感がない」と回答をいただきました。Aさんはそういう回答をクライアントがしてくれることを想定し，わざとクライアントに聞き，その言葉をCさんに伝えました。この時点で，役員と面談し，報酬関係の考え方についても決着がついていたCさんは，Aさんからの「経験の1つとして，育成も視野に入れてBをメインスピーカーにしたい」という提案がクライアントにも受け入れられているということもあり，何の問題もなく当日の役割分担が決まりました。

● ミッションコンプリート！

　こうして，AさんとBさんが譲れない部分をキープしながら，Cさんを納得させることができました。最終的には，クライアントも喜んでくれ，本件の受注は確定しました。その後の話ですが，このクライアントからは追加の仕事もいただき，よい関係が継続しました。

● 事例にみる交渉上の重要ポイントについて

　本事例も含め，筆者自身が体験したことをもとに交渉をするうえでの重要ポイントを下記にまとめました。

- 　表層的な状況だけでなく，**関係者それぞれの背景にある本音（利害）を探っておく。**

- 何かしらのプロジェクトなどをスタートする際には，まずは**全員が目指す（反対しない）目的を全員に認識してもらう。**
- 関係者の間で何かを決めるときは，**それぞれが最も重視する（譲れない）利害を把握し，**どのように話を進めるか作戦を立てておく。
- 限られた条件や手段しかないと思い込まずに，**「相互の利害を一定レベルで満たすこと」を目的にして，**多面的に解決案を検討する。
- 交渉は短期的な目線だけでなく，中長期的に考えた場合，当該問題の見え方が変わってくることがあると念頭に置いて交渉にあたる。

（4）プレゼンテーション能力

プレゼンで大事なのは「Speech（話し方）」「Material（資料）」「Scenario（シナリオ）」の3つだと書きましたが，「Speech（話し方）」は自信と練習である程度のレベルまで成長します。極端な話，シナリオがしっかりした資料が提示されれば，多少話し方がたどたどしくても聞く側はそれなりの評価をするものです。したがって，ここでは「Material（資料）」と「Scenario（シナリオ）」を中心に，実際あった事例を交えて解説します。

● 管理職が最低限すべきこと

管理職の場合は，社内でも社外でもそれなりのポジションの方々にプレゼンをする機会が多くなるので，部下や人が作った資料を読み上げるだけではなく，少なくとも**内容をしっかり理解し，自分で作成する（プレゼンする）気持ちで資料をレビューして本番に臨むのが，最低限やるべきこと**だと思います。そのためにも，図表4‐3で提示した「Scenario（シナリオ）を作成するうえでの考え方」は，管理職であれば最低限身につけているべきでしょう。そうでなければ，社内説明資料であれ，社外取引先資料であれ，レビューなどできようもないと筆者は考えています。筆者自身も，現在は部下に資料を作成させて，レビューし，改善ポイントを指摘する立場にありますが，若い頃に自分で資料のシナリオの検討から作成，プレゼンの実施に至るすべてのプロセスを数多く経験していることが非常に役立っています。

【Scenario（シナリオ）作成事例】

　ここでは，筆者が20代の若手コンサルタントだった頃に，外部企業への提案の機会を自分で獲得してきたため，上司から一度自分でプレゼン資料を作るように言われた時の事例を提示することにします。図表4−8は，すでに第1節で提示した枠組みに筆者が体験した実際の事例を組み入れたものです。これに沿ってより具体的に解説していきたいと思います。

　図表4−8を見るとわかるように，この事例は，外部向けの提案事例です。ある大手企業のお客さま対応部門のリスクの洗い出しと改善策を作成するのがテーマで，最終的には作成した解決策をプレゼンするところまでが目的の仕事として説明を受け，持ち帰ってきた案件でした。

● 事例企業の現状

　同社は安定したサービスと顧客基盤を持っている大企業であり，これまであまり競争にさらされることはない会社でした。しかし，同社を取り巻く経営環境の変化により，これまで競争相手ではなかった企業まで参入してきて，顧客の取り合いが始まることに一部の経営層は危惧し始めていました。加えて，お客さま対応で小さな問題が発生してきているものの，担当部門内はそれほど危機感を感じていないと当該部門の責任者が感じ，起爆剤的に外部専門家も交えて，「お客さま対応に関するリスクの洗い出しとその解決策を提示する」ためのプロジェクトを立ち上げようとしていました。

　当該プロジェクトの責任者がいわゆる執行役員クラスだったため，最終報告には少なくとも管掌役員が出てくるほどの案件でした。筆者としては，当時は重要なプロジェクトを初めて任されるということで，緊張感とやる気で満ちていました。

　当時の筆者が在籍していた会社は一般の事業会社と比較すると，社内研修プログラムが非常に充実していたため，すでに提示したシナリオ作成手順はある程度理解はしていました。そのため，素直に手順に従いつつ，不明なところは諸先輩に質問しながら資料を作成したのを今も鮮明に覚えています。

　図表4−8にあるクライアント基礎情報と現状の一部については，クライア

図表4-8　Scenario（シナリオ）作成をするうえでの考え方

◆ お客さま対応品質のさらなる向上
◆ お客さま対応の機動力強化
◆ お客さま対応部門の意識レベルの向上
◆ 緊急時対応の向上

クライアント基礎情報

• 同社の業界が環境変化により，競争環境がさらに厳しくなることを1～2年後に控えている。
• お客さま対応部門と他部門連携に問題があり，小さなクレームが出ており，リスクの兆候が出てきている。
• ヒヤリハットの事象がいくつか発生しているが，結果的に大事になっていない事象が散見されている。すべてを防ぎきれないので，緊急時対応手順が必要だと感じている。

あるべき状態

ギャップ分析

現状

◆ お客さま満足度調査結果がほぼ横ばい
◆ 業界環境の競争激化
◆ お客さま対応が機動的でない

問題特定	課題形成	解決策立案	プレゼン資料の作成
	◆ 潜在的な顧客の流出リスクが高まっている ◆ お客さま対応部門と関係部門との連携不足がある ◆ お客さま対応に対する意識改革が遅れている ◆ 緊急時対応の体制が十分でない	◆ お客さまの声を吸い上げるために営業部門と連携を強化し，サービスレベルを向上させる ◆ 部門間連携強化に向けて，お客さま対応部門を同本部内に集約する ◆ お客さま対応意識を高めるための仕組み（研修を含む）を構築する ◆ 緊急時シナリオを作成し，対応手順を明確にする	◆ 課題について具体的な事例を交えて実態を感じてもらえる資料を作成する ◆ 組織構造変更についてはメリット・デメリットを含めて，このタイミングに提案する理由を論理的に説明する ◆ 対応策を進めるプロジェクトの体制やスケジュール・コストなどを明確にする

論理思考

論理思考
創造思考

ントの窓口の担当者から話を伺うほか，基礎資料を事前に入手して確認していました。しかし，現状確認に齟齬があってはいけないので，再度複数の方にヒアリングをかけて内容の確認をしました。

● 事例企業のあるべき姿

あるべき姿については，プロジェクト責任者の執行役員にヒアリングするだけでなく，同氏から依頼されて管掌取締役や関係部門の部長にもヒアリングを実施しました。「お客さま対応の品質強化（会社としての機動的な対応力なども含む）そのものとそのための意識改革」が大半の意見で，事前に収集した現状とは大きなギャップがあるように感じたのを記憶しています。

● 事前の問題特定と課題形成

提案前の簡易なギャップ分析を経て，下記の課題をある程度明確化しました。課題がある程度明確になれば，雑駁にいえばその裏返しが解決策になるので，課題を明確にすることは非常に重要なプロセスになってきます。

- 潜在的な顧客の流出リスクが高まっている。
- お客さま対応部門と関係部門との連携不足がある。
- お客さま対応に対する意識改革が遅れている。
- 緊急時対応の体制が十分でない。

提案書を作成する段階で事前確認をするのは当然でしたが，課題形成と解決策をある程度自分たちなりに見極めておかないとクライアントに提出する資料としては迫力に欠けると思い，現時点で成果物をどのようなものにするか，そしてそれがお客さまに受け入れられるものかどうかまでイメージして提案書を作成することにしたのです。

● 事前検討にもとづくプレゼン構成

そのため，提案書は，図表4−9にあるような構成で作成しました。ヒアリングした「現状と課題」を踏まえ，認識合わせをするための「プロジェクトの狙い」や「プロジェクト対象範囲」を丁寧に作成しました。ここがずれているとクライアントの顧客満足にはつながらないので，相手との認識合わせは非常

に重要になっています。そのうえで，プロジェクトの具体的な提案内容を，実際の作業イメージや成果物イメージも詳しく説明することにより，プレゼンサイドがしっかり練り込んだシナリオをもとにプレゼン資料を作成していることが伝わります。

図表4-9　目次イメージ

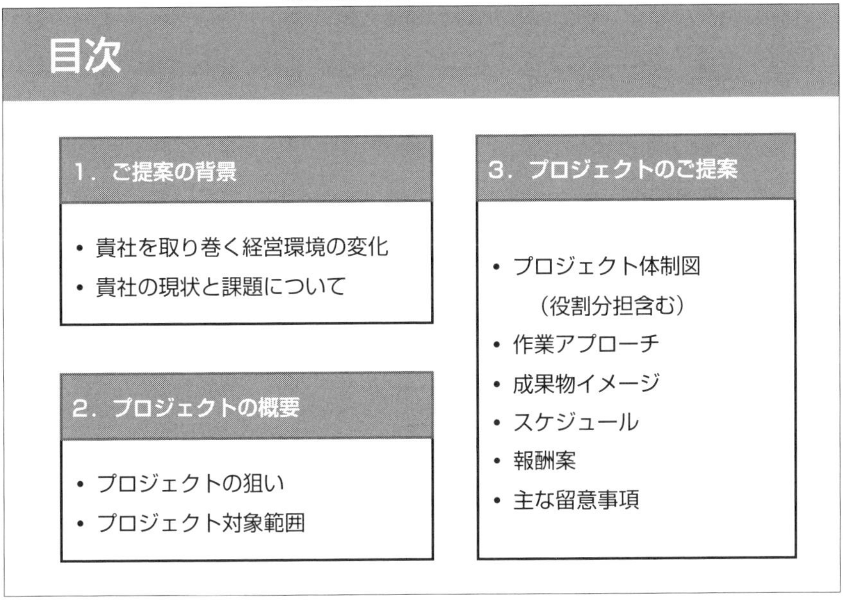

目次

1. ご提案の背景

- 貴社を取り巻く経営環境の変化
- 貴社の現状と課題について

2. プロジェクトの概要

- プロジェクトの狙い
- プロジェクト対象範囲

3. プロジェクトのご提案

- プロジェクト体制図
  （役割分担含む）
- 作業アプローチ
- 成果物イメージ
- スケジュール
- 報酬案
- 主な留意事項

　本件の場合は，リスク分析やその解決策の検討プロセスに，ファシリテーションミーティングによる検討会を作業アプローチとして採用して，どのような成果物を作成するかまで事前に関係者とディスカッションしたうえで提案書を作りました。このため，実践感のあるプレゼンになり，コンペも無事勝ち抜くことができ，その後現場のリーダー業務を4か月任されました。クライアントとのファシリテーションも事前にイメージができていたので，クライアントとの話し合いをしながら密度の濃い時間を過ごし，最終ご報告会も無事満足いただくことができました。その時の責任者の方とは，定年を迎えられるまでいいお付き合いをさせていただきました。

（5）リーダーシップ能力／モティベーション（動機付け）能力

　管理職が備えるべきリーダーシップと，部下にいかにモティベーションを持たせるかということを中心に，具体例も交えながら検討してみたいと思います。

　リーダーシップは第1節でも述べたように，リーダーシップのあり方も時代とともに変化してきています。その背景には，序章でも触れましたが「デジタル化の進展」と「働き方の多様化」があると思われます。

● デジタル化の進展による影響

　伝統的なリーダーシップでは，管理職の的確な指示・命令に従えば成果が出ていたため，基本的には管理職の能力に焦点が当たっていました。しかし，デジタル技術の進展に伴い，多くの業務がITやAIに取って代わられようとしています。その結果，**これからの従業員にはそういったIT技術に取って代わられない創造的で革新的なアイデアや企画を創出する能力が求められるようになってきています**。ビジネスニーズの多様化や激しい環境変化から，これまで上司である管理職が備えていた経験やスキルに基づく指示・命令だけでは解決できなくなってきているのです。

● 働き方の多様化による影響

　働き方改革の動きや労働人口の減少から，最近では，従業員個人の多様な価値観が重視され出しています。実際，個人の多様な能力や経験などを積極的に取り入れた「ダイバーシティマネジメント」を推進する企業も増えてきています。

　その一方で，多様な人材の能力を最大限に活かすためには，従業員同士の密なコミュニケーションと信頼関係，明確な評価制度の構築が欠かせません。そこで，上司である管理職の能力ではなく，部下の多様な価値観を重視するようになってきているのです。チームとしての成果が求められる現代において，理想のリーダーシップも変化しているのです。

● サーバント・リーダーシップ

　このようなことを背景として，最近注目されているリーダーシップが「サーバント・リーダーシップ」です。「サーバント・リーダーシップ」という概念は，1970年代に教育コンサルタントのロバート・K・グリーンリーフが提唱したもので，古くからあるものですが，変化の激しい現代社会にフィットする部分が多くあるということで，改めて取り上げられています。図表4-10は「伝統的なリーダーシップ」と「サーバント・リーダーシップ」を対比させたものです。「サーバント・リーダーシップ」は支援型リーダーシップともいわれ，部下の能力を肯定し，お互いの利益になる信頼関係を築くといったスタイルのリーダーシップです。サーバントという言葉が「奉仕者」や「使用人」という意味であるため，その部分に注目が集まって，「部下の主張を何でも聞き入れる」とか「部下の言いなりになる」といった誤解を受けることがあります。「サーバント・リーダー」は明確なビジョンやミッションを提示し，方向性を示す必要があります。その方向性に沿って，部下が自発的に取り組む仕事をより効果的かつ快適に遂行できるよう奉仕することが，このリーダーシップの本質になります。

（図表4-10）従来型のリーダーシップとサーバント・リーダーシップ

伝統的なリーダーシップ	サーバント・リーダーシップ

✓ 管理職の権限（肩書）による影響力 ✓ 部下（メンバー）への指示・命令 ✓ 管理職が高い能力や知識を持ち先導する	✓ 信頼に基づく影響力 ✓ 部下（メンバー）の話を傾聴する ✓ 部下（メンバー）の能力を信じ成長へ導く

　とはいえ，サーバント・リーダーシップにもデメリットがあります。対話型

のリーダーシップであることから工数が増えるため，時間もかかって，方向性を調整していくのが難しくなることがあります。また，社会人として経験が浅く知識やスキルが不足しているメンバーは，その動きについていくことができず脱落してしまうこともあります。したがって，**メンバーの自主性を尊重するサーバント・リーダーシップでは，メンバーにもある程度の経験値やスキルが求められる**のです。

● 管理職の業務量変化

　ところで，多くの管理職の業務量が年々増えていると実感しているという調査結果が出ているのをご存じでしょうか？　序章でも触れましたが，管理職がプレイングマネジャー化して自身の業務が忙しくなりすぎて，マネジメントに手が回っていない人も多いという話です。読者の皆さんの職場でも見かける光景かもしれません。自身の仕事を工夫で効率化するとしても限度があるので，実際はマネジメントをきちんとやろうとすると残業が増えるという悪循環になっている人も少なくないはずです。**「第５回　上場企業の課長に関する実態調査」（産業能率大学）によると，５割強の管理職が３年前と比べてやることが増えているという結果が出ている**のです（図表４-11）。

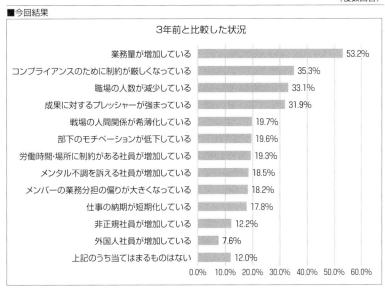

図表4-11　管理職の業務量の変化

問1．あなたが管理する職場の状況は，3年前と比べてどのように変化していますか？
（複数回答）

■今回結果

3年前と比較した状況

業務量が増加している	53.2%
コンプライアンスのために制約が厳しくなっている	35.3%
職場の人数が減少している	33.1%
成果に対するプレッシャーが強まっている	31.9%
戦場の人間関係が希薄化している	19.7%
部下のモチベーションが低下している	19.6%
労働時間・場所に制約がある社員が増加している	19.3%
メンタル不調を訴える社員が増加している	18.5%
メンバーの業務分担の偏りが大きくなっている	18.2%
仕事の納期が短期化している	17.8%
非正規社員が増加している	12.2%
外国人社員が増加している	7.6%
上記のうち当てはまるものはない	12.0%

出典：「第5回　上場企業の課長に関する実態調査」（産業能率大学）

　このような状況になってきているので，先ほど紹介した「サーバント・リーダーシップ」の考え方に基づいて，部下を動機付けて任せていくことが必要になってきているのです。優秀な（少なくとも自分がそう思っている）人ほど，部下のスキル不足を理由に自分がやったほうがベターだと思って任せないようにしているのではないでしょうか。しかし，いつまでも部下に任せないと部下の成長も鈍化しますし，管理職自身もいつまでもマネジメントが未熟なままになりかねません。ここで重要になってくるのが「部下への任せ方」なのだと思います。

● 部下への仕事の任せ方

　「部下が事細かく言わないとついてこない」「仕事に対して受け身で目的意識を持たない部下が多い」など，部下に不満を漏らす管理職を見ることがありますが，果たして部下だけの問題なのでしょうか。実は，真の原因は部下にある

のではなく，管理職である上司にリーダーシップが欠けているケースも少なくありません。**管理職はビジョンや目標を部下に提示し，その実現のための手順をわかりやすく伝えなければなりません**。そして，**その成功の先に何が待っているのか，しっかり部下と共有し，成功までの道筋を示すことこそがリーダーシップの基本**なのだと思います。

　ここからは，実際の体験やヒアリングに協力いただいた方々からのご意見も踏まえ，部下が自発的に動くようにするための任せ方について解説します。筆者自身もできていることと，改めて反省して読者の皆さんとともに精進しなければならないことも含めて挙げています。

【部下への仕事の任せ方】
- 部下を信頼する（部下を絶対に馬鹿にしない）
- 丁寧に教える
- トップダウンとボトムアップを使い分ける
- 仕事を面白く見えるように視点の変え方を伝える
- 部下に希望や夢を感じさせる
- 部下を知り，部下の強みの開発を支援する

　「部下を信頼する（部下を絶対に馬鹿にしない）」ことは，**部下と仕事を進めていくうえで絶対条件**になります。しかし，意外と部下を軽んじている人は多いものです。筆者は「君たちのためを考えてこうしてあげている」と口では言いながら，明らかに自分の保身を考えた行動をする上司に当たったことがありますが，若かった頃の私でも，その上司が本当に自分や同僚のために行動してくれているのか，そうではないのかぐらいは容易にわかりました。部下は上司より仕事に対する経験値が低いとはいえ，**大人が大人を軽んじて嘘をついても，ほとんどはバレるということをよく理解しておくべき**だと思うのです。筆者自身は30歳になって間もない頃に管理職になったのですが，その上司を反面教師にして，これまで決して部下を馬鹿にしたことはありません。実際には，部下

が増えてくるとすべての部下を信頼するところまでいくのは困難かもしれませんが，少なくとも決して彼らを馬鹿にするようなことをしてはいけません。部下はそういうことをする人を見抜いているものです。

「**丁寧に教える**」というと，当たり前のことを言っているように思われるかもしれませんが，多くの管理職が時間に余裕がないため，悪気はなく雑な指導になっていることがあるので，あえて取り上げています。かくいう筆者もキャパシティがオーバーして，部下への指示や部下からの質問に雑な行動や言動をして，帰宅後に反省することもあります。筆者が若い頃は，自身が作成した資料を上司が丁寧に添削してくれたものです。資料類に記載してくれた赤字だけでなく，なぜそういう修正をしたかという背景まで上司は教えてくれたものです。こういう**やり取りを通じて，部下と考え方（価値観）を共有していく**のだと思います。

「**トップダウンとボトムアップを使い分ける**」については，管理職が最も上手く対応しないといけないことだと思います。具体的には，会社や部門としての「やるべきこと（方針や方向性）」については明確に管理職がトップダウンで現場に落とし込まなければならないですが，実際の「やり方（進め方や手順）」はボトムアップでやらせてみるということです。そのためにも，**管理職は「やるべきこと」については明確に丁寧に部下に説明する**ことが大切です。加えて，部下に「やり方」を任せるということは丸投げを意味しているのではなく，**適宜相談に乗ったりアドバイスしたりして上手くいくようにサポートする**ことであって，このことは管理職の重要な仕事であることを付け加えておきます。

「**仕事を面白く見えるように視点の変え方を伝える**」は，仕事を受動的に捉えている部下を能動的に捉えさせるための取組みなので，非常に重要なことである一方，部下の仕事観を変革させるレベルの話なので容易ではありません。しかし，今回のコロナ禍が象徴しているように先行きがますます不透明になってきている中で，環境変化に順応できない組織や人がこの先，安定的に過ごしていけると思いますか？　おそらく，答えは皆さんおわかりだと思います。も

ちろん，個人の能力や運など人それぞれで，人は生まれた時から「理不尽の渦」の中で生きていかなければならないでしょう。ですが，仕事は人生の大半の時間を費やす活動であるのも事実です。仕方なくする作業として捉えるのではなく，少しでも面白く捉えて有意義なものにしていきたいとは思いませんか？

● ３つの仕事観

　東京大学名誉教授で経済学者の伊藤元重氏が，３つの仕事観というものを示されています（図表4-12）。

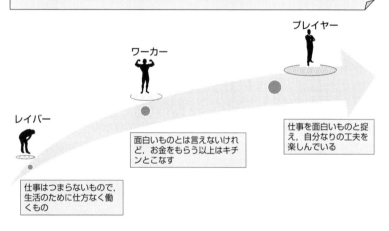

図表4-12　３つの仕事観

環境変化が激しい昨今では，将来が見えにくく，日々の仕事にやりがいを感じなくなっている人も増えています。そのため，仕事に対する視点をどう捉えればよいかなどについて部下を導くことが重要になってきています。

プレイヤー

ワーカー

レイバー

仕事を面白いものと捉え，自分なりの工夫を楽しんでいる

面白いものとは言えないけれど，お金をもらう以上はキチンとこなす

仕事はつまらないもので，生活のために仕方なく働くもの

　伊藤氏は「大切なのは，**機械や情報システムに置き換わってしまうようなワークではなく，人間にしかできない質の高いプレイヤーとしての仕事が増えていくように努力する**ことではないか」と主張しています。実は，筆者の勤務先の経営トップも「従業員には，作業ではなく仕事をしてほしい。そして，自分の仕事の意味を理解して，やりがいを感じて前向きに仕事に取り組んでほしい」と，事あるごとに言います。将来を見据えての教育やその仕組み作りを最重要

テーマの1つとして捉えているということです。労働人口も減っていく中で，このような姿勢で取り組んでいる会社や部門は中長期的に強くなっていくと筆者は考えています。

● ジョブ・クラフティング

　では，肝心な仕事観を変革させるための視点には，どのようなものがあるでしょうか。米国イェール大学経営大学院のエイミー・レズネスキー教授とミシガン大学のジェーン・E・ダットン名誉教授（組織行動論）が2001年に提唱した理論に「ジョブ・クラフティング」理論というものがあります。これは，組織や上司が決めたタスクやルールに忠実に従うという従来の労働観に異を唱え，従業者の主体性を重視することで，仕事を生き生きとしたやりがいのあるものに変えていくことを目指した手法として注目されている理論です。

図表4-13　仕事観を変革させる3つの視点

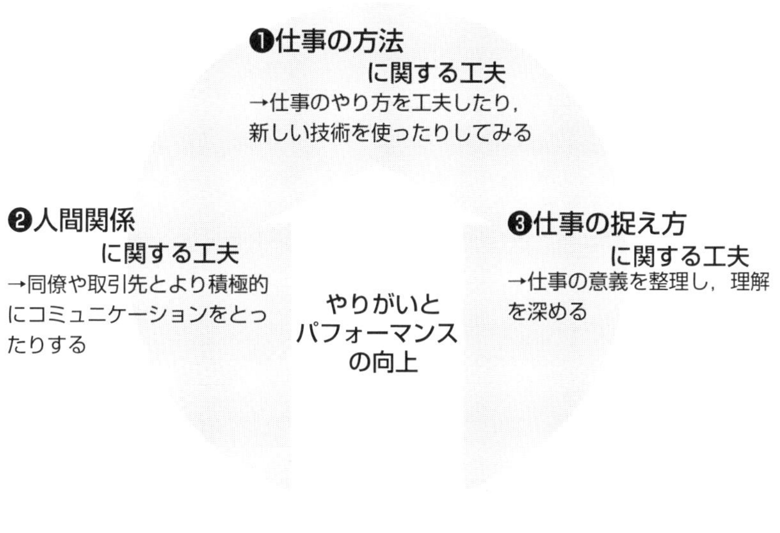

❶仕事の方法
　　に関する工夫
→仕事のやり方を工夫したり，
新しい技術を使ったりしてみる

❷人間関係
　に関する工夫
→同僚や取引先とより積極的
にコミュニケーションをとっ
たりする

やりがいと
パフォーマンス
の向上

❸仕事の捉え方
　　に関する工夫
→仕事の意義を整理し，理解
を深める

出典：『Learning Design』2020年1月号資料を参考に筆者作成

　「ジョブ・クラフティング」理論の中では，図表4-13にある3つの工夫をす

ると，仕事をやりがいのあるものにすることができると説いています。以降では，この３つの工夫について解説していきたいと思います。

　「仕事の方法に関する工夫」とは，仕事のやり方を工夫したり，新しい技術を使ったりしてみることです。ルーティン業務が特にそうですが，いつも同じ仕事を同じ手順でやっているのでは飽きてしまいますし，なかなか成長することはできません。そのため，**時には別のやり方を取り入れてみたり，新しい技術を使ってみたりすることで，マンネリな状況が打破され，やりがいを生み出せる可能性が出てきます**。仮に，仕事の内容を自分で変更できる権限がなくても，事務作業をより効率的に進められる方法を考えてみたり，エクセルスキルを強化して使いやすい表を作ってみたりと，自分なりに工夫をすることはいくらでもあります。エクセルなどは「ショートカット」「関数」「マクロ」を使いこなせるかどうかで，同じシートを作るのにかかる時間も精度も格段に向上することでしょう。これはほんの一例ですが，会社にとっても業務効率化につながっていますし，工夫した本人のスキルも向上し成長していることを実感できることと思います。

　パーソルキャリア株式会社が「doda」会員の20代・30代を対象に行った「はたらく価値観」に関する調査結果によると，90％以上が仕事を通じて成長したいと答えています。エクセルの操作スキルとはいえ，業務を通じて成長し，周囲に頼りにされることは，やりがいにつながっていくものと思われます。

　次に，**「人間関係に関する工夫」**です。職場では，周囲との連携や協力が不可欠ですが，そうした周囲との関わり方を工夫することでサポートを得られるだけでなく，自身の仕事のやりがいや楽しさを高めることにつながることもあります。例えば，上司に積極的に話しかけ，自らフィードバックをもらって自信につなげることなどもあるかもしれません。

　筆者が20代後半の駆け出しのコンサルタント時代に，当時の部門のトップパートナーとのエピソードを紹介しましょう。一兵卒だった私に，なぜか雲の上の存在の方が時折声をかけてくれました。そこで，自らの目標を自発的に報告して，その結果を聞いてもらい，フィードバックしてくれるようにしてもらい

ました。自分自身の成長もうれしいものですが，あこがれている上司の喜ぶ顔を見たいという**利他的なモティベーションは想像以上にやりがいを感じるもの**だということを，今も強く記憶しています。そういう環境を自発的に作る人は作っているものですので，読者の皆さんも工夫をしてみてはいかがでしょうか。

　また，同僚や後輩とコミュニケーションを頻繁にとることは，個々人のスキルや忙しさをより深く理解し，仕事の分担をより的確にできるといったことにもつながり，業務がよりスムーズに進むことにつながるかもしれません。**人間関係に関する工夫は，自己の成長にも日々の業務にも大いにプラスになります**ので，皆さんも上司や先輩，同僚や後輩との関係をうまく活用して，仕事や自己研鑽に活かしてみるとよいと思います。

　最後に，「**仕事の捉え方に関する工夫**」は，どのような仕事も積極的に意義を見出すことで，モティベーションを高めることにつながるというものです。筆者の勤務先でも，経営トップの意向で，業務をある程度見える化することを通じて，現場作業をしているような従業員クラスであっても1人ひとりが自身の仕事の背景や意義をしっかりと理解し，やりがいを感じてもらうことを目指した活動を推進しています。このような活動を推進してくれていれば，より仕事の捉え方を工夫しやすいかもしれませんが，最終的には個々人が積極的に仕事に意義を見出すようにしていかなければなりません。たとえルーティンの事務作業の仕事でも，「退屈な事務作業だなぁ」と思ってやるのと「会社のみんなを陰で支える大切な仕事なんだ！」と前向きに捉えるのとでは，見え方が大いに異なってくるものです。

　「ジョブ・クラフティング」理論で提示されている3つの視点について紹介しましたが，これらを誰に言われることもなくできる人もいれば，自らはできない人も多くいると思います。そこで，管理職はこのような視点をしっかりと理解したうえで，個々の部下が前進できるようにヒントを出してあげるなどして，仕事観を少しでも前向きになるように働きかけていくことが求められるのです。

242

（6）向上心

　第1節でも述べたように，「キャリアビジョンの設定」と，自分自身を学び続けさせるための仕掛け，つまり，「学び」のPDCAサイクルが向上心（＝前向きに自身のスキルを磨き（学び）続ける能力）を身につけるうえで非常に有効だと述べました。ここでは，若干の事例も交えながら，もう少しこの部分について深掘りします。

　図表4-14をご覧ください。向上心を維持・向上させるためには，ゴールである「キャリアビジョンの設定」をしっかりとさせることが「学び」のPDCAサイクルを回すエネルギーになるということを表しています。加えて，目標である「キャリアビジョン」を達成するために，キャリアの節目ごとにPDCAを回していくことをイメージしています。

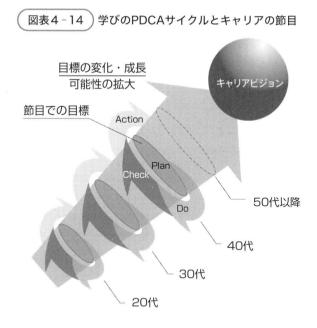

図表4-14　学びのPDCAサイクルとキャリアの節目

　読者の皆さんは，キャリアビジョンを明確に持っているでしょうか？　筆者も社会人になってかなり経ってから，やっと設定できたと記憶しています。キ

ャリアビジョンを設定するうえで重要なポイントは，「できること」「やりたいこと」「社会に役立つこと」の3つだと，以前どこかで教わったことがあります。若い頃は「できること」「やりたいこと」のみを考えがちかもしれませんが，ある程度キャリアを積んでくると「社会に役立つこと」が欠かせない要素だと感じられると思います。キャリアビジョンは管理職自身もしっかり設定すべきですし，部下のキャリア相談を通じてアドバイス等をしていくことも重要な役割になってきます。

　「キャリアビジョンの設定」の次に重要なのが，スキルを磨き（学び）続けるための仕組み（仕掛け）作りだということは第1節で触れましたが，これについてももう少し詳しく説明しましょう。キャリアをデザインするタイミングですが，ビジネス環境の変化が激しい現代においては，長期の緻密なキャリアデザインは現実的ではないため，中期の大まかなものが好ましいと思います。筆者はこのキャリアをデザインするタイミングを，神戸大学名誉教授の金井壽宏氏にならい，「キャリアの節目」と呼んでいます。

　この「キャリアの節目」ごとに，大まかな計画（Plan）を立てることで，次の節目が訪れるまで，あまり余計なことを考えずにそのプランを実行（Do）に移せば結果がついてくるというくらいの考え方をするのがお勧めです。

　さらに，それを適度にチェック（Check）し，改善（Action）することがキャリア形成上，有効だと思います。

　チェック（Check）については，実行（Do）する際に常にアウトプットすることを心がけてください。「アウトプット勉強法」という言葉があるように，自分の覚えたことや身につけたことを同僚に発表したり，仕事で使ってみたりして，その定着度合いを測ることは非常に有効です。

　この方法は，同僚や仕事相手等からコメントがもらえるため，改善（Action）ポイントもわかりやすいという利点があります。部下からすれば，接しやすい上司であれば，定期的にミーティングを設定して現状のチェック（Check）をしてもらうことも有効です。ただし，こういったことは接しやすい上司でないとストレスになって，キャリア形成どころでなくなってしまうのはいうまでもありません。そういう意味では，**管理職はマネジメントするうえで，毅然とするべき部分と気さくに部下が話しかけられる部分の両方を兼ね備えているのが**

ベストだといえるでしょう。

第3節 │ 新しいワークスタイル環境におけるヒューマンスキル

　コロナ禍において，筆者の職場でもリモートワークが一気に進みました。コロナ禍になるずっと前から，これからの社会環境の変化に柔軟に対応できる働き方を幅広く模索するようにという指示が経営トップから出ていたので，在宅勤務なども働き方の一形態として議論はされていました。ですが，まさかこのようなパンデミックが起こるなど誰も予想をしていなかったので，根本的な働き方を整理することは継続しつつ，まずは緊急での対応を進めざるを得ませんでした。

　第1波の緊急事態宣言が解除された2020年5月25日までは，緊急事態に対応するためのシステム的な環境整備とともに在宅勤務の最低限の管理の仕組みを構築し，乗り切りました。さらに，第2波以降の平時のワークスタイルのあり方について，自身の部門でもリモートワークを活用しつつ新しい働き方について検討しています。

　ここでは，筆者らの職場での実践例と筆者がお付き合いしている多数の企業の実践事例を踏まえて，これからのワークスタイル環境下において，いかにビジネスコミュニケーションを確保しつつ，業務の品質を維持向上させていくのかについて述べていきます。本書で紹介する取組みは，**コロナ禍での一過性の対応ではなく，これからの社会環境を見据えた新しい働き方を検討しているもの**で，筆者らも取組みの道半ばなので，1つの参考事例としていいと思う部分について活用してもらえれば幸いです。

（1）リモートワークを活用するための要件

　国の緊急事態宣言が出た折は，業務の性質上，在宅勤務に適していない職種は除いて，可能な限り在宅勤務にし，社内でも3密を避け，不要不急の出張等も禁止となりました。

現在では，世の中と同様に，会議室の定員を決めたり，消毒液やアクリル板の設置など社内のコロナ対応もかなり進んできています。一方で，いつまで続くか明確でないコロナ禍の状況の中で，在宅勤務との併用を検討していたところ，すでに数年前から在宅勤務を1つの勤務形態として取り入れている会社の方から情報提供していただいたり他社の取組み状況について話を聞く機会もありました。それらの情報から，リモートワークを活用するためには，以下のような一定の要件のようなものがあると思いました。

【リモートワークを活用するための要件】

① リモートワークに**フィットした職種**であること

② **部署の中で信頼関係が醸成されていること**

③ **セルフマネジメント能力が身についていること**

④ 個々人の役割が部署内で明確になっていること

⑤ リモートワークを進めるための**ITツールが整備されている**こと

⑥ 自宅での**働く場所が確保されていること**

---

① リモートワークにフィットした職種であること

　これは，当然ではありますが，職種の性質上どうしてもフィットしないものがあるということです。物理的な作業が伴う業務がリモートワークにフィットしないことは容易に想像がつくと思います。筆者の勤務先でも，生産や販売に関する領域などには，どうしてもリモートワークに切り替えられない業務があります。実際，緊急事態宣言下においても，医療用医薬品を取り扱っている筆者の勤務先では，生産や販売系の部門などは普段と変わりなく医薬品の安定供給のために通常どおり業務を遂行していました。

　では，リモートワークに適する仕事とはどういったものでしょうか。基本的にはパソコンを使ってする仕事，つまり**企画系・管理系の仕事が適している**と思います。もちろん，そういう領域の仕事でも取引先などとの打ち合わせなどはありますが，ZoomやSkype，TeamsなどのWeb会議ツールを使えば対応はおおむね可能なので問題はありません。実際，企業の管理部門・企画部門やコンサルタント，システムエンジニアなどの業務はリモートワークがうまく適用

されている例を多数聞きます。

②　部署の中で信頼関係が醸成されていること

　これについても，リモートワークを進めるうえで重要な視点だと思います。Web会議ツールの性能が向上してきたといっても，遠隔地で部下が仕事をするわけですから，**部下との間で信頼関係があるのは前提**になります。この点ができていないのであれば，むしろ余計な不信を抱くだけなので，リモートワークは成立しないでしょう。

③　セルフマネジメント能力が身についていること

　これは，リモートワークの大前提となると筆者は思っています。自己管理できない人が職場から離れて，自宅等で仕事ができるかといえば，まず難しいでしょう。筆者自身もそうですが，裁量労働制の職場で長年働いてきた人や直行直帰の営業マンなどで，それなりの自己管理の中で業務経験を積んできた人ならまだしも，**上司から日々細かい指示を受けながら仕事をしてきた人が，急にリモートワークをしたとしても何をどうしたらいいかわからなくなる**でしょう。

　また，新入社員や転職で入社したばかりの人材も，リモートワークはさせるべきではないと考えています。そもそも，会社のことや仕事の基本を理解できていないうちに，リモートワークスタイルで成果が上げられるかというと，かなり疑問を感じます。特に，新入社員などは仕事の基本を通じて，自己管理能力の基礎を身につけさせるうえでも，きちんと朝会社に出勤して，仕事を終えて帰宅するところまでを一定の期間経験させることは必要不可欠だと思います。

④　個々人の役割が部署内で明確になっていること

　これは，リモートワークでなくても当然できていないといけないことですが，上司と部下の間で役割がある程度明確になっていなければならないということです。いくら便利なITツールを導入しても，**ある程度の役割や分担が明確になっていないと，業務品質や業務効率の面で支障が出る可能性があります**。そうなると，部下の育成や評価などにもマイナス効果が出かねません。筆者の職場は企画系の業務が多いので，管理系と比較するとあまり手順化できない仕事

が多いですが，ある程度の役割分担や職位ごとの求められるレベルなどは明確にしています。また，プロジェクトも多数抱えている関係もあり，プロジェクト管理の中で役割分担などは明確にしています。具体例については，後ほど紹介する事例をご覧ください。

⑤　リモートワークを進めるためのITツールが整備されていること

　当たり前ですが，これが整備されていなければリモートワークを物理的に導入できません。多くの会社では，コロナ禍で急速に環境整備されたのではないでしょうか。すべての従業員がノートパソコンを持っているような会社は少数だと思いますので，急に在宅勤務を推奨すると言われて困ったケースをよく聞きました。そのため，緊急事態宣言時には，リモートアクセスツールの導入を検討した会社も多かったようです。

　リモートアクセスツールとは，インターネットを通じて遠隔でオフィスにあるPCの操作をできるようにしたツールのことです。さらに，なかなか収束しないコロナ禍によって，リモートワークに必要なインフラの整備も急務となっている会社も増えてきているようです。Web会議等の際に，遅い・重い・不安定などの不満を感じたことがあるのではないでしょうか。コロナ禍を契機に，リモートワークを一定割合導入するとなると，Web会議等で一定の品質を保つために，インフラの再設計は避けて通れなくなってきているのです。

⑥　自宅での働く場所が確保されていること

　急に身近な話になりますが，在宅勤務時に自宅で仕事に集中する場所がないという人は想像以上に多いという印象があります。自宅に小さいお子さんがいる場合などは，単純に物理的な場所の問題だけではないようです。最近では，会員制のワークスペースやレンタルオフィスなどを活用しているケースもあるようで，そういったものもうまく活用するとよいでしょう。

（2）リモートワークを活用した新しい働き方の検討事例

　筆者の勤務先では，コロナ禍が契機となり，リモートワークが働き方の一形

態として導入が急速に進みましたが，緊急事態宣言が取り下げられた5月末頃から，緊急時ということではなく，働き方の一形態としてリモートワークのあり方を筆者の管掌する部門でも検討し始めました。乳幼児を育てている部下や2時間近くかけて通勤している部下などもいるので，リモートワークをうまく導入できれば会社にも部下自身にもWin-Winになると考え，メンバーとともに積極的に取り組むことにしました。着手して時間もたっていないのでまだまだ課題もありますが，1つの参考事例として読んでください。なお，本項の事例資料（図表）はすべて一貫性を持たせるように作成し直している点を申し添えます。

　事例として紹介する部門は，新しい事業を企画したり，事業企画のための関連情報を収集したり分析したりする企画系の部署で，管理職は2名，スタッフが5名で，本部長である筆者が兼務で部門長をしている部署です。リモートワークの本格導入は初めてということもあり，業務管理の基本的なルールを図表4-15のとおり決めました。

①　リモートワークによる業務遂行と業務管理

　現在は，毎週1週間分の在宅勤務日を個人ごとに上司と相談のうえ決めています。それをイントラネット上のスケジュール表に反映させて，1週間が始まります。緊急事態宣言時にはほぼ在宅勤務でしたが，解除後は個々人の抱えている仕事の内容によって上司と相談して決めてもらっていますが，おおむね週2〜3日程度は在宅勤務をしているように思います。完全在宅化をやってやれなくもないですが，やはり職場の上司や同僚と直接会いたいという者も多く，結果的に今の状態に落ち着いているというのが実態です。

　では，リモートワークをしている部下との1日の流れについて，見ていきましょう。まず，始業時刻になると，部署のメンバー全員でZoomを使って朝礼をします。上司から順番に1日の予定を簡単に共有し，仕事をスタートします。当該部署では，いくつかのプロジェクトを抱えているので，プロジェクトに関する作業打ち合わせなどで，上司と部下が必ずといっていいほど，日中にも打ち合わせします。そのため，何かあればそこで話をするようになっています。資料の共有はメールで行い，急ぎの連絡については電話をするようにしていま

す。相手が別の打ち合わせに入っているかもしれないときは，LINE等での連絡も取り合っているようですが，セキュリティーのことなどを考慮に入れるとビジネスチャットの導入も考えないといけないと思っており，ツールの検討も進めています。

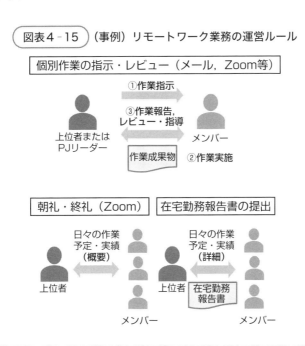

図表4‑15　（事例）リモートワーク業務の運営ルール

> 部門の上位者は，日々の朝礼・終礼(Zoom利用)にて，各メンバーから作業予定・実績の報告を受ける。
> 上位者は，メール，電話，Zoom，LINE等を利用してコミュニケーションを取り，節目でメンバー作業の進捗状況をチェックする。
> メンバーは，在宅勤務報告書に，作業の予定と実績を記録し，上位者が確認する（メンバーの成果物等との比較などにより，大きな乖離がある場合は確認する。必要に応じて，メンバーに対するコミュニケーションレベルを上げる等の対応を取る）。

1日が終了すると，終礼時にZoomを通じて1日の振り返りを各自してもらっています。リモートワーク導入経験が浅いため，口頭ベースの運用だけだと適切に業務を遂行しているということを理解してもらいにくいので，図表

4 -16の「在宅勤務予定・実績報告書」を使って，その日の予実管理と上司による部下への指導をしています。

　図表4 -16のケースは，ある新規事業領域において当社が取り組んでいる事案があり，そこの競合先（30社）がどういう状況なのか調査分析し，経営トップに報告するためのスライド準備もするという作業について，上司が指導コメントした事例です。本事例は，おおむね朝予定していたとおり業務が進んだケースですが，場合によっては緊急の仕事が入って，予定と実績が大きく乖離するケースなどもあります。

　図表4 -16では，上司がエクセルのまとめ作業についてコメントしています。本件では，部下はやるべき業務をよく理解していたのですが，資料の取りまとめ粒度などで若干のずれがあったので，図表4 -17の①の作業指示を受けた段階や②のやり取りの早い段階でもう少し認識合わせを詳細にしておけばよかったという話です。

図表4-16　（事例）在宅勤務予定・実績報告書

在宅勤務予定・実績報告書

部署名：　○○○○○○部

氏名：　○○　○○

1．勤務時間・場所
　　　　　　自宅
　2020　年　　7　　月　　30　日

（予定）（任意記載）				（実績）			
就業時間	8:40	～	17:40	就業時間	8:40	～	17:40
休憩時間	12:00	～	13:00	休憩時間	12:00	～	13:00

2．勤務内容
（予定）（任意記載）　　　　　（h）　　（実績）（必要に応じて成果

当日の競合他社調査の作業時間
（当該業務実績合計も上司は把握している）

朝礼・終礼	0.5	朝礼・終礼	
部内ミーティング	1.0	部内ミーティング	
スタートアップ調査資料作成	2.0	スタートアップ調査資料作成	
○○プログラム資料作成	1.0	○○プログラム資料作成	1.0
TIS打ち合わせ	1.0	TIS打ち合わせ	1.0
競合企業調査	2.0	競合企業調査	2.0
メール・事務処理等	0.5	メール・事務処理等	0.5
計	8.0	計	8.0

3．留意事項・翌日の業務予定（任意記載）

○○長	△△長	□□長
○○	○○	○○

本作業に関する上司のコメント（例）
・出資先2社（競合30数社分）の調査・検討，報告書作成，Zoom会議などの作業内容を踏まえ，頑張ってくれているね。
・EXCELのまとめ作業で収集する情報の範囲について，もう少し早い段階で相談してくれるともっといいよ。
・どういう観点で資料作成や調査を行ったのか，より明確に説明できるようになろう。

 上司
 部下

252

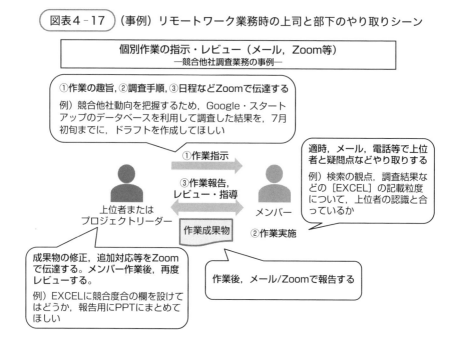

② 事例部署における業務分担とスキル要件の見える化

リモートワークを進める前提として「個々人の役割が部署内で明確になっていること」と述べました。本事例で取り上げている筆者が管掌している部門における業務分担がどのように設定されているか，それがどういったレベル感まで具体化されているかを紹介します。これは，リモートワークをするためだけに作成しているわけではなく，日常の業務を推進するうえで必要であるため作成しています。

図表4-18は，本事例で取り上げている部署のあるべき業務の整理とそれに紐づくスキル要件，それを活用した人材育成に関する鳥瞰図となっています。あるべき業務は，前提となる経営方針・中期経営計画・業務分掌のほか，当該部署が担当しているプロジェクトのWBS（Work Breakdown Structureの略で，タスクを細分化した一覧表）も参考にしながら作成しています。そのあるべき業務に対して，3つの職位領域ごとに求められるスキルを整理しています。そうすることで，個々人ごとの目標設定をMBO（Management By Objectiveの

略で，自律的に目標を設定する人事評価制度）に反映しやすくしています。加えて，部門としての教育研修やキャリア相談に活用しています。まだまだ検討過程にあるので課題もありますが，実務を通じてブラッシュアップすべくメンバーと検討しています。

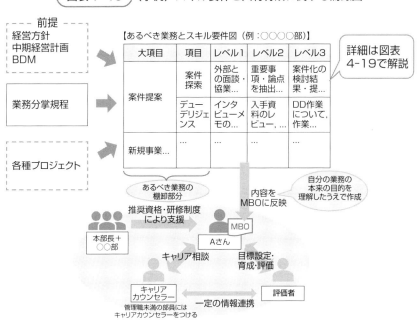

図表4-18　（事例）スキル要件と人材育成に関する鳥瞰図

　図表4-19は，図表4-18のスキル要件図をベースにした，キャリア相談とMBO設定に関するスキームです。まだまだ未着手な部分もありますが，個々人が何を期待されているか，何が課題かなどを明確にして運営をしやすくできるよう工夫しています。加えて，評価をする上司とは別に，部下が相談しやすい先輩をキャリアカウンセラーに指名できるようにして，キャリアに関する相談などをしやすいようにしています。例えば，小さな子がいる共働きの女性社員は，若手の女性社員からすると将来を考えた時にいろいろと相談したいこともある存在だとの意見も多く，実際，当該女性社員は若手女性社員のキャリア

カウンセラーとして人気があります。筆者らのような男性では相談に乗るのは
難しいことでも対応してくれるので，非常に助かっています。

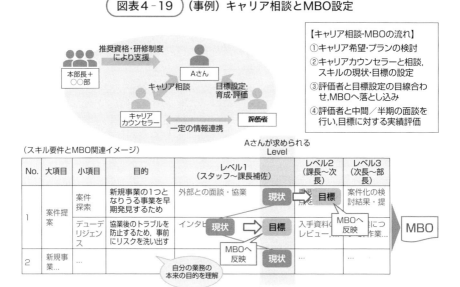

図表4-19　（事例）キャリア相談とMBO設定

図表4-19のように，レベルごとに各項目で現状がどうなっているかがわか
りやすいので，目標も立てやすいだけでなく，部下と上司で合意もしやすくな
っています。

③　リモートワーク導入によるメリットとデメリット（当該事例からの考察）
　リモートワークでの新しい働き方を導入した会社が多数出てきたことにより，
ある程度メリットとデメリットが見えてきましたので，少しそれを紹介します。
これは筆者の職場というよりも，多数の会社にヒアリングした結果を集めたも
のと思ってください。

● リモートワーク導入のメリット
　筆者の職場で顕著だったのは，「時間や場所に柔軟性が出て働きやすい」「育

児などの制約がある人も働きやすい」あたりの声が多かったように思います。前述したように，筆者の職場は小さなお子さんがいるメンバーが多く，男性女性変わりなく，朝は保育園に送ってから出社したり，体調を崩したお子さんの面倒を見ないといけない事案が多くあります。そういった時も，リモートワークだといつもどおりの仕事が継続できているケースが多く，筆者の職場ではそういう点でメリットを感じています。会社から見た場合でも，移動が減った分，旅費交通費等のコスト削減だけでなく，結果としての生産性アップにつながっている部分もあるように思います。

【従業員から見たメリット】

- 時間や場所に柔軟性が出て働きやすい
- 育児などの制約がある人も働きやすい
- 通勤等での疲労などが減る
- （うまく活用すれば）生産性がアップする

【会社から見たメリット】

- （うまく活用すれば）生産性アップにつながる
- （オフィスなどの場所を削減すれば）賃料削減につながる
- （出張等が減り）旅費交通費が減る
- 優秀な人材が維持したり，集めやすくなる

● リモートワーク導入のデメリット

　次に，デメリットですが，筆者の職場では比較的セルフマネジメント経験が豊富な職場で働いてきたメンバーが多いため，あまり大きなデメリットは感じていません。しかし，中途採用で社歴の浅いメンバーなどについては，会社や他部署をもっと理解させるようにするために一定程度は出社させるなど，デメリットが顕在化しないように工夫をしています。

　ちなみに，筆者個人は，朝から晩までオンラインで会議や打ち合わせを隙間なく入れられるので，会社に出社している時より予定が詰まりすぎて，部下との業務上の雑談や企画やアイデアを考える時間が減っていますし，パソコンに

依存しすぎて眼精疲労も尋常ではないので，適度にリモートワークを活用する程度にしたいと考えています。

【従業員から見たデメリット】
- （コミュニケーションがうまくいかないと）共通認識の醸成ができない
- 仲間とのコミュニケーションが不足していると感じる
- （セルフマネジメントできないと）生産性がダウンする
- 運動不足になる

【会社から見たデメリット】
- （コミュニケーションがうまくいかないと）共通認識の醸成ができない
- 会社への帰属意識の低下につながる可能性がある
- 教育や評価が難しくなる
- （セルフマネジメントできないと）生産性がダウンする

　その他，コミュニケーションをうまくとれていない場合などで，認識の齟齬が発生しているケースもあるようです。ただ，こういった部分はリモートワークという働き方がまた定着できていないからでもあると思いますので，このような働き方を新しい1つの形態として習得するつもりで前向きに取り組むべきだと筆者は考えています。

（3）リモートワーク推進上の課題と今後の取組み

　システム領域は筆者の管掌業務でもありますが，リモートワークを推進するうえで，当初はインフラ面での課題がありました。現状では，担当メンバーや業務提携しているTIS社の協力もあり，かなり整備が進んできているという手応えを感じています。

　一方で，現状まだ課題だと思われる点も存在します。在宅勤務をしている部

下がどう過ごしているのか，直接オンラインで顔を合わせる案件がないとまっ
たく接触することがなくなることもあり，この点は課題だと思っています。筆
者の職場の部下は幸いにも真面目なメンバーが多いので，リモートワークでも
さぼるという心配はないのですが，前向きなコミュニケーションが不足してい
る点に課題を感じています。具体的には，リアルで全員が出勤していたときに
幅広くさまざまな部下と雑談レベルのコミュニケーションを図っていたのです
が，Zoomで会議として設定するのには憚られる内容であるため，そういった
コミュニケーションが取れなくなっています。また，筆者が管掌している本部
には複数の部署がありますが，部署間の交流も，部署をまたぐ共通のプロジェ
クトなどでもないとなかなか接することがなくなっています。

　そんな折，『リモートチームでうまくいく』（倉貫義人氏著，日本実業出版社）
という書籍と出会い，その後，著者の倉貫氏とも直接やり取りする機会に恵ま
れました。てっきり，コロナ禍対応で執筆された本かと思い，書店で手に取っ
たのですが，2015年に出版されていることに驚き，購入してその日のうちに読
破しました。著書の中でも紹介されていますが，倉貫氏がリモートワークを実
践する中で開発した『Remotty』という「リモートワークをするメンバーがと
もに働くための場所（仮想オフィス）を提供するシステムツール」が，現状，
筆者の職場で抱えている課題解決にも活用できるかもしれないと考えています。
現在，倉貫氏が経営されている株式会社ソニックガーデンと『Remotty』の試
験導入を検討しているところです。最近は，こうしたツール類も増えてきてい
ますので，自社に合ったものを適宜活用することもあってもいいかと思います。

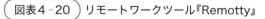

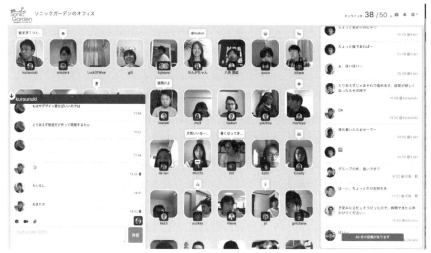

図表4 - 20　リモートワークツール『Remotty』

出典：倉貫氏提供：「Remottyの使い方」資料

　図表4 -20は，倉貫氏より提供いただいた『Remotty』の紹介資料から引用したものですが，このツールは仕事をしている間はログインしたままの状態で使うので，職場の仲間の働く様子をお互い見ることができ，社内で普段行っていたいい意味での雑談レベルの会話も，チャット機能を使って可能になると思っています。前述したように，一部個人のLINEを使って簡単な連絡を取り合っていることもあるので，セキュリティなどの面からあまりよくないと思っており，そういった部分でも期待しているところです。

　『Remotty』はあくまでシステムツールですので，倉貫氏も著書の中で書かれているように，使い方が大切になってくると思います。いくらよいツールだったとしても，使うのは人間ですので，自分たちの職場に合う使い方を丁寧に模索して利用する必要があると思います。加えて，このツールは気兼ねなく話せるフラットな関係の中で利用すると非常に有効なようですが，上下関係で気を遣う上司が入るだけで，部下からすると過剰なストレスになることも考えられます。そういう意味でも，前述したように**管理職が部下とフラットな関係であることが，こういったツール活用の前提になろうかと思います。**

コンセプチュアルスキル

第１節 コンセプチュアルスキルとは

　皆さんの周りには，なぜかわからないけれど事前にリスクや落とし穴を回避して，うまく立ち回っている人を見たことがありませんか？「多分，こうなると思っていた」や「そうなると思ったので，先にこういう対応をしておけばよかったのに」などと後付けで言うような胡散臭い人のことではなく，あたかも事象や事案が起きることを知っていたかのように，先回りしてそれなりに卒なく対処する人が一定数いるのではないでしょうか。そういう人たちは一体頭の中がどうなっているのかと思ったことがありませんか？

　本章で取り上げるコンセプチュアルスキルは，そういう人が身につけているスキルであり，ビジネスにおいてはもちろんですが，日常生活においても役立つスキルです。コンセプチュアルスキルは，序章でも少し触れましたが，物事の本質を的確に捉えることによって，個人や組織の持つ可能性を最大限にまで高める能力のことで，概念化能力や概念化スキルともいわれるものです。図表５−１にあるように，よりトップ層に近くなればなるほどそのスキルが求められるといわれています。

　本書のターゲットはミドル層なので，それほど詳細には取り扱いませんが，ミドル層もローワー層も一定レベルで必要な時代になってきていますので，本章で取り上げることにします。実は，以前はコンセプチュアルスキルは管理職以上が身につけていればよいという考え方をする人もいた領域なのです。しかし，近年では，戦略部門や企画部門，新規事業開発部門などは当然ですが，それ以外の部門においても部門が担当する業務領域の企画や計画，設計などの業務を担当するケースは多くなってきています。そのため，ローワー層レベルにおいても，任されている業務の範囲の中で，自分で何かを判断することが求められているのです。もちろん，上司であるミドル層による管理やレビューもありますが，すべてをチェックしていては現代のビジネススピードには追いつかないのは容易に想像できることかと思います。

図表5‐1　コンセプチュアルスキルの必要性

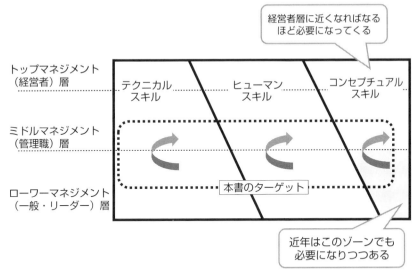

※図表 序‐1を加工

（1）コンセプチュアルとは

　コンセプチュアルスキルについて，さまざまな具体例も交えながらより詳しく説明していきたいと思います。まず，そもそもコンセプチュアルという言葉から説明します。コンセプチュアル（conceptual）は，名詞コンセプト（concept）を形容詞化したものなので，「概念的な」という意味になります。さらに，コンセプト（concept）の動詞（conceive）は下記のように分解することができ，「うちにアイデアを持つ」というような意味を背景に持っていることが理解できます。

| con | ＋ | ceive | ＝ うちにアイデアを持つ |
| 強調・ともに | ＋ | つかむ・とる | ＝ 取り込んで中に持つ |

　図表5‐2をご覧ください。具体物や写真やイラストのように見ればすぐに

理解できるものから，図式化したものや言語・音声情報になったものを経て，さらに抽象度が増すと，「概念」というまったく形のないものになります。形のない目に見えないものを把握するためには，それを頭の中で想像し，具体的なイメージに落としていかなければなりません。詳しくは，後ほどご紹介しますが，この「概念」という雲のような形のないものの本質を見極めることが，コンセプチュアルスキルを理解するうえで欠かせない点になります。

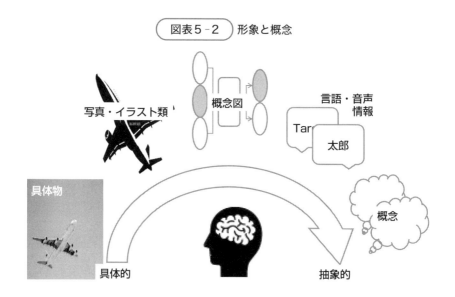

図表5-2 形象と概念

（2）コンセプチュアルスキルの醸成プロセス

コンセプチュアルスキルが身についている人は，通常，図表5-3にあるようなプロセスを継続的に回していく中で経験知として醸成されていくものだと考えられます。

まず，①「抽象化」のステップについて説明しましょう。仕事においても日常生活においても，さまざまな事象や現象が発生しているものを私たちは観察しています。ここで物事をぼんやり何も考えず見る人とそうでない人に大きく

分かれるのだと思います。常に，"考える"くせがついている人は「上手くい
くときの共通点はこれじゃないかな？」や「こういうことをしているときはな
ぜかわからないけど，失敗しているような気がするな。他のケースもそうなの
か確認してみよう」など頭の中で，**何とか共通項や何かしらの傾向を抜き出し
て本質を見出そうとします**。このようなことを「抽象化」といい，コンセプチ
ュアルな思考といわれたりします。

　次に，②「概念化・構造化」について解説します。①の**「抽象化」を通じて
見出された「本質的な部分（共通的な要素）」をもとに，法則性や原理を見出
したり，パターン化したり，構造的に捉えてモデル化したりします**。これらを
総称して，ここでは「概念化・構造化」と表しています。

　②で「概念化・構造化」したものを**実際の実務現場や日常生活の場に持ち込
んでみて，それが本当に使えるか，いわゆる実証をします**。ここではそれを「具
体化」と呼んでいます。

　③の「具体化」ステップで実証してみると，想定どおり上手くいくことと想
定外のことも含めて，さまざまな事象や現象が発生します。そこで，④の**「実
践の中での経験知」**というものを得ることができます。それがまた，新たな事
象や現象として2周目のサイクルに入っていくということです。

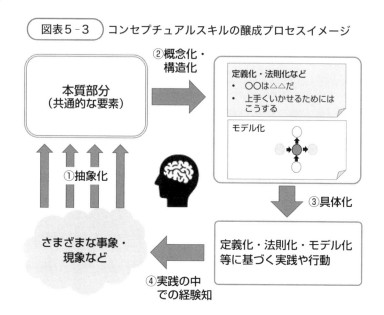

図表5‐3　コンセプチュアルスキルの醸成プロセスイメージ

　筆者は，コンセプチュアルスキルというものは，このようなサイクルが何周も回ることで身についていくスキルだと考えています。このようなことを踏まえ，コンセプチュアルスキルを本書では「**概念的で見えないものを把握し，本質を見極めたうえで大きな視点から価値ある活動を実践するスキル**」と定義付けたいと思います。したがって，常に“考える”くせがついていることやスキルや物事を大局的に見ることが身についていることが，コンセプチュアルスキル醸成の前提となります。そのため，一朝一夕で身につけられる類のスキルではありませんし，先天的な素養があってアドバンテージを持っている人材がいるのも事実です。しかし，コンセプチュアルスキルを後天的に醸成できる部分もあるので，そういった点について若干のヒントを提示できればと思っています。

第2節 ┃ コンセプチュアルスキルの ビジネスパーソンにとっての重要性

　コンセプチュアルスキルというものが私たちビジネスパーソンにとっても重要なことはこれまでの説明で何となくわかっていただけたと思いますが，ここからはすでに提示したコンセプチュアルスキルの醸成プロセス（図表5-3）をフレームワークとして活用して，具体例を当てはめて説明します。

　コンセプチュアルスキルの実践事例として，執筆メンバーが社外役員を務めているユニバーサル・サウンドデザイン株式会社の代表取締役である中石真一路氏の例を紹介します。

　ユニバーサル・サウンドデザイン社は，脳が認識しやすい音質向上技術を世界で初めて開発し，医学的なエビデンスを取得することに成功した，中石氏によって2012年に創業されたスタートアップ企業です。同社は「聴こえ」のバリアフリー社会の実現に向けて，あらゆるシーンでのコミュニケーションを支援することを目指しています。

　同社の提供する対話型支援機器「comuoon」（コミューンと読みます）は，低歪（ていひずみ）と音素の超細分化により，音の明瞭度を高め，脳に認識しやすくする「SonicBrain」をコア技術として活用し，従来の補聴器のように"聴き手"側のみの問題に焦点を当てるのではなく，話者側から歩み寄るというコミュニケーション支援の形を実現する卓上型会話支援システムです。

　「comuoon」は，2016年度と2017年度のグッドデザイン賞の受賞と「グッドデザイン・ベスト100」にも選出され，薬局や医療機関，介護施設，教育機関，金融機関，公共施設など販売累計台数は10,000台を超えている製品です。

図表5-4 対話支援機器「comuoon」(コミューン)

図表5-5 コンセプチュアルスキルの醸成事例

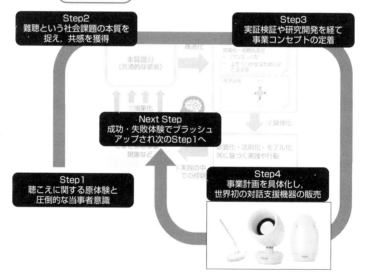

（1）コンセプチュアルスキル醸成の実践事例

　では，図表5-3のコンセプチュアルスキルの醸成プロセスに基づいて，実際の事例で解説したいと思います。

① Step1：聴こえに関する原体験と圧倒的な当事者意識

　comuoonの開発やユニバーサル・サウンドデザイン社の設立の背景には，中石氏自身の幼少期における原体験が大きく影響をしています。ご家族が難聴でコミュニケーションに困っていることを中石氏自身が幼少期から見ていたことが根本にあり，その後，圧倒的な当事者意識を持ちながら音の専門家として研究を積み重ね，世界的にも画期的な音質向上技術の発明に至っています。このような体験がコンセプチュアルスキルの習得にとって必須となるマインドの醸成に寄与していると思います。

②　Step2：難聴という社会課題の本質を捉えて共感を獲得

　加齢とともに聴力はどうしても低下しますが，超高齢社会の到来により，身の回りにおいて聴こえの問題は日常生活の中に蔓延しています。しかしながら，聴こえに関する理解や支援が社会的に醸成されていないため，難聴当事者はもちろんですが，話し手側にとっても看過できない社会課題となっています。

　comuoonはこうした社会課題の本質を捉え，従来は補聴器という聞き手側に配慮する解決策だけであったものに対して，話し手側から解決を図るというアプローチをとっています。結果，課題解決を図る手段を持たなかった方に解決策を届けることで，一度も母親の声を聞いたことがないお子さんやこれまで聴き取りにくい状態を認知症と誤解されてきたお年寄りに対して，涙を流すほどの感動体験を与えることにつながっています。こうした感動体験から共感が生まれ，賛同者や協力者を獲得しています。

③　Step3：実証検証や研究開発を経て事業コンセプトが定着

　聴こえの領域は，その解決策の少なさから解明されていないことが多い領域といえます。中石氏は産官学連携による共同研究や政府の補助事業制度などを

活用しながら，Step 2 で得られた体験で培ったさまざまな社会課題解決につながる仮説検証を行っています。エビデンスの取得を積み重ねながら科学的にcomuoonの効果を実証してきました。

④　Step 4：事業計画を具体化し，世界初の対話支援機器の販売

　Step 1 〜Step 3 のようなコンセプチュアルな思考をもとにしたプロセスを経てcomuoonが世に出ています。コンセプチュアルスキルが発揮されない状況下では，生活者目線でわかりやすい製品コンセプトや製品の提供する感動体験が新たな共感を生む仕組み作りなど，これまで説明したような結果は得られなかっただろうと思います。

⑤　Next Step：成功・失敗体験でブラッシュアップされ次のStep 1 へ

　対話支援機器として人同士で対話が行われる場所に導入が進んでいっているcomuoonですが，新型コロナウイルス蔓延という人類にとっての新たな脅威や変化に対しても敏感に反応しています。この新たな日常の中においても，マスクで声がこもってしまうことや，カウンター業務をしている店先や公共施設などでのアクリルパネルの設置による声の聴こえづらさなど，新たな課題が発生しています。ユニバーサル・サウンドデザイン社はcomuoon導入を進める中での経験で，音を遮るものがある中でも聴こえづらさを解消する効果があることがわかっていたため，自治体や教育機関と連携し，音の問題を解消しつつ飛沫感染予防や感染拡大防止を果たすという新たな課題解決を図りながら，快適な聴こえを提供し続けています。

第 3 節 ｜ コンセプチュアルスキルの強化に向けて

　ビジネス環境変化が著しい昨今の状況から，トップ層だけでなく，会社の中で戦略や企画性の高い業務を行っている人材やそういう業務に将来携わりたいと思う人は，次の点を日々意識することをお勧めします。すでに提示したコンセプチュアルスキルを醸成するサイクルを回すために，いずれも必要な要素で

す。どれも一筋縄ではいかないことかもしれませんが，決して鍛えることができないものではないので，意識することが重要かと思います。

> ● 「考える」習慣を身につける
> ● 概念化・構造化スキルを磨く
> ● 広い視野を持つようにする

　「考える」習慣を身につけることが3つの要素の中で，身についていない人が身につけるのが一番難しいことかもしれません。ここでいう「考える」は表層的なことではなく，**本質を考える**ことを指しています。これは，意識しているか否かはともかく，できている人は子供の頃から継続してできているものですが，「考える」ということに慣れていない人や苦手な人のほうが多いのも事実です。

　では，仮に「考える」ということに慣れていない人が，どのようにしたら「考える」習慣を身につけられるものでしょうか。簡単な答えなどあるわけではありませんが，常に目の前で起こっていることを概念的かつ構造的に捉える癖をつけるようにすることです。これは，2つ目の**概念化・構造化スキルを磨く**ことと密接に関係しています。

　概念的に捉えるということは，端的にいえば，何か仕事上に課題が起きている場合に「なぜか？」と深掘りしていき，問題の本質を捉えるように意識することです。また，構造的に捉えるということについても，同様に何か仕事上に起きている課題について，図を使って**「構造化」して本質を捉える**というものです。

　筆者の前職のコンサルティング業界などでは，若い頃からそういうことばかりする局面が多かったので，ホワイトボードを使って問題分析を図表などにして，周囲とディスカッションしたものです。皆さんも気を許せる同僚などと課題のなぜなぜ分析やロジックツリーなどを使った構造化に取り組んでみてもいいかもしれません。

　筆者自身は，業務上の事案が目の前に来ると，おおむね直感的にこうすべきだと意見が頭の中にパッと出るほうなのですがなぜそう思ったのかを後で分析

するようにしています。もちろん，直感的に思うことなので，安易に人前で話したりはしませんが，後で検討してみるとそれなりにロジカルに説明できることが多いので，直感も馬鹿にはできないと改めて感じることがあります。おそらく，数多くの事案を見たり聞いたりするうちに無意識のうちに直感が働いている場合があるのだと思います。

　最後に，**広い視野を持つようにする**ということですが，やはりさまざまな人や本に多く接することが有効だと思います。筆者は新規事業を担当しているせいか，さまざまな領域の方々に接触する機会に恵まれているので，日々新しいことと出会い，多くのことを学ばせていただいています。また，本は自分の専門分野や業務担当領域以外のものも極力たくさん読むようにしています。最近では，仕事関係以外だと「デンマークの都市づくり」や「世界五大宗教」「昆虫の本」などを読みました。このように，**自分の知らないことを知っている人や専門ではないジャンルの本に接することで，視野が広くなるだけでなく，心が豊かになる面がある**ので，皆さんも是非ご自身なりにやってみてください。

Column 6　視野の広げ方のヒント

　「視野」という言葉を広辞苑で調べるといくつか意味がありますが，ビジネス領域においては「思慮や知識の及ぶ範囲」のことを指します。キーになるのはこの「範囲」ですが，これは空間的なことだけでなく，時間的な部分も含めたものになります。つまり，図表5-5にあるように，**視野を自分→家族→社会→世界→未来へと，時間的・空間的に意識を広げていく**ことにほかなりません。

　「視野」を広げるためには，まずはスタート地点である自分自身を理解することが重要です。この自己分析ができている人は意外と少ないものです。筆者もまだまだ向き合いきれていない部分もありますが，比較的客観視できるようにはなってきました。

　加えて，心身を整えることも重要です。視野を広げ，他者にも思いを馳せるためには心も身体も整えて，その瞬間に集中することが大切です。そのためにも，健康な身体は大切だということです。健康産業に身を置くものとして，健康にはますます留意しなければと思う今日この頃です。

　そのうえで，外へ目を持っていくことになります。筆者が実践しきれていないこ

図表5-5　視野の広がり

ともありますが，以下の点は有用だと思っています。

- **幅広いジャンルの人間と付き合う**ように意識する
- **幅広いジャンルの本や映画などに触れる**
- **さまざまな場所へ出かける**

　筆者が「幅広いジャンルの人間と付き合う」ということが有効だと思ったのは，20代中盤にビジネススクールに通っていた時です。筆者が通っていたビジネススクールには当時，30代中盤の同級生が多く，筆者が体験したことがない多様な経験をしている人生の先輩から，勉強だけでなくプライベートでもいろいろと教わることがありました。同級生のバックグラウンドもさまざまで，当時の筆者のようなコンサルタントの他に医師，弁護士，銀行マン，医薬品や食品などのメーカー勤めのものなどバラエティーに富んでいました。本では勉強できないことがたくさんありますので，皆さんも何かしら社外のコミュニティに参画するなどして，そういう機会を持つようにされるといいかもしれませんね。

　「幅広いジャンルの本や映画などに触れる」については，すでに触れましたが，本や映画などからもさまざまな学びを得ることは多々ありますし，視る世界を広げて

くれるので，心を整えて，そういうものに触れるのは有用だと思います。

　一方で，文化庁の「国語に関する世論調査」（平成30年度）の中で「読書」が取り上げられているのですが，1か月に「本を読まない人」が47.3%にものぼります。同様に「1〜2冊しか読まない人」が37.6%もおり，8割以上が1か月の間に本を読まないか読んだとしても1〜2冊程度しか読まないという残念な結果が出ています。しかも，同調査の中で「読書量は減っている人」が67.3%もおり，読書離れが進んでいるようです。

　筆者にはビジネススクール時代の友人で凄い読書家がいるので，いつもSNSを通じて彼が最近読んだ本をチェックしては読んでみるようにしています。**本も自分で選ぶと偏るので，人が読んでいる本を意識して取り入れて工夫しています**。読者の皆さんも，ぜひご自身の見識を高めるために，読書をすることをお勧めします。映画も含めて，いろいろな世界を体感してみましょう。

　最後に，「さまざまな場所へ出かける」ですが，最近は時間的なゆとりが減ってきて一番実践できていませんが，国内だけでなく海外も含め，さまざまな場所に出かけることも有効です。筆者は，コロナ禍になる前の年に大学生の娘と台湾に出かけ，故宮博物館や九份（きゅうふん，台湾読みでジョウフン）などを見学しましたが，展示物や景観から親子ともども新たな学びや刺激を受け，充実した時間となりました。**知らない文化や歴史，景観に触れることで得るものは計り知れない**ものがあると思います。

　以上，視野を広めるためのヒントを提示してみました。是非活用してください。

　本章でコンセプチュアルスキルというものを概括的に説明しましたが，より詳しく学びたい方は巻末の参考文献やロジカルシンキング等の演習形式の研修などに参加することなども検討してもいいかもしれません。ただ，この領域に踏み込む前には，第4章までに提示した一定の知識やスキルをある程度固めることがビジネスパーソンに求められることだと思います。そのうえで，しっかり時間をかけてでもコンセプチュアルスキルを伸ばしていけばよいと考えます。

　豊かな人生を送るために，本書をきっかけにして，自分のスキルをより一層磨いていってほしいと思います。筆者らもさらに研鑽していきますので，ともに頑張りましょう！

■参考文献一覧

阿部・井窪・片山法律事務所『契約書作成の実務と書式』有斐閣（2019年）

天野雄介「スパイラルアップ勉強法　キャリア形成のPDCAを回す」『Think!』
　　（SUMMER 2008 No26）東洋経済新報社（2008年）

伊藤元重『東大名物教授がゼミで教えている人生で大切なこと』東洋経済新報社
　　（2014年）

イノウ『ITの仕事に就いたら「最低限」知っておきたい最新の常識』ソシム（2020年）

倉貫義人『リモートチームでうまくいく』日本実業出版社（2015年）

グリフィン，アビー他著，市川文子＝田村大監訳『シリアル・イノベーター　「非シ
　　リコンバレー型」イノベーションの流儀』プレジデント社（2014年）

権田修一『債権回収基本のき』商事法務（2011年）

酒谷誠一『知財実務のツボとコツがゼッタイにわかる本』秀和システム（2019年）

櫻谷あすか「ジョブ・クラフティングでストレス低減・生産性向上を！」『Learning
　　Design』日本能率協会マネジメントセンター（2020年）

佐藤孝幸『実務契約法講義』民事法研究会（2007年）

潮見佳男『基本講義　債権各論Ⅰ　契約法・事務管理・不当利得』新世社（2018年）

重冨貴光＝酒匂景範＝古庄俊哉『共同研究開発契約の法務』中央経済社（2019年）

成瀬雅光『「ひとり情シス」虎の巻』日経ＢＰ（2018年）

淵邊善彦＝近藤圭介『業務委託契約書作成のポイント』中央経済社（2018年）

細川義洋『システムを「外注」するときに読む本』ダイヤモンド社（2017年）

松浦正浩『実践！　交渉学　いかに合意形成を図るか』ちくま新書（2010年）

丸山紀代『この１冊で合格！　丸山紀代のITパスポート　テキスト＆問題集』
　　KADOKAWA（2020年）

水町雅子『個人情報保護法（１冊でわかる！　改正早わかりシリーズ)』労務行政
　　（2017年）

村山昇『スキルペディア』ディスカバー・トゥエンティワン（2020年）

森本大介ほか『秘密保持契約の実務』中央経済社（2016年）

好川哲人『コンセプチュアル思考』日本経済新聞社（2017年）

レズネスキー，エイミー他「ジョブ・クラフティング法－やらされ感のある仕事をや
　　りがいある仕事に変える」『ダイヤモンド・ハーバード・ビジネス・ライブラリー』
　　ダイヤモンド社（2011年）

索　引

執筆者紹介

■執筆責任者（編著者）

天野 雄介（あまの　ゆうすけ）序章・第4章・第5章担当

東和薬品株式会社　上席執行役員　事業推進本部長 兼 次世代事業推進部長
Tスクエアソリューションズ株式会社　代表取締役社長
関西学院大学専門職大学院経営戦略研究科　准教授
一般社団法人PHR普及推進協議会　理事 / 株式会社アビタス 非常勤講師
大正製薬を経て，朝日監査法人/アーサーアンダーセン（現有限責任 あずさ監査法人/KPMG）にて15年にわたってヘルスケア領域のアドバイザリー業務に多数従事。2013年に東和薬品へ入社，社長室を経て，現在に至る。
神戸大学大学院法学研究科 経済関係法専攻博士前期課程 修了
MBA（経営学修士）/ 税理士 / CIA（公認内部監査人）/ 情報処理技術者 他
著書
『経営に活かす内部統制評価プロジェクトの進め方』（中央経済社，共著）
『業種別アカウンティング・シリーズ　医薬品業の会計実務』（中央経済社，共著）
『内部統制の実践的マネジメント』（東洋経済新報社，共著）他多数

■著者

前田 太郎（まえだ　たろう）第1章担当

東和薬品株式会社　事業推進本部　事業推進管理部長
Tスクエアソリューションズ株式会社　経営管理部部長
朝日監査法人/アーサーアンダーセン（現有限責任 あずさ監査法人/KPMG）にて13年にわたりヘルスケア領域の監査・アドバイザリー業務に多数従事。2009年から2011年まで香港に駐在。2013年に東和薬品へ入社，社長室を経て，現在に至る。
神戸大学 経済学部卒
公認会計士 / CIA（公認内部監査人）
著書
『最新日本の会計基準Q&A』（清文社，共著）

山本 勇樹（やまもと　ゆうき）第2章担当

TIS株式会社　ヘルスケアサービス企画営業部　シニアプロデューサー
Tスクエアソリューションズ株式会社　取締役　事業企画部長
ユニバーサル・サウンドデザイン株式会社　社外取締役
2002年にTIS入社後，製薬業向け業務システム開発を中心にシステムエンジニアやプロジェクトマネージャー，ITコンサルタント，営業マネージャーの立場でITビジネスの実務を経験。現在では多くのヘルスケア企業やスタートアップベンチャー，大学の産学連携等におけるアドバイザーやオープンイノベーションを推進するビジネスプロデューサーとして業務に従事，現在に至る。
法政大学 社会学部卒
医療情報技師 / データベーススペシャリスト / 応用情報技術者 他

中村 直樹（なかむら　なおき）第3章担当

東和薬品株式会社 管理本部 法務部　次長
医薬品企業法務研究会 2020年度関西第二研究部会長
司法修習修了後，東証一部メーカーにて法務業務と総務業務を兼務し，上場企業同士の経営統合業務にも従事。
2015年に東和薬品入社後，法務・コンプライアンス業務全般に従事。ヘルスケア領域の新規事業案件に対する社内法務アドバイザリー業務を多数経験，現在に至る。
大阪市立大学大学院法学研究科 法曹養成専攻 修了
弁護士

＜東和薬品株式会社について＞
東和薬品は，患者さんの経済的負担や国の財政負担の軽減に貢献するジェネリック医薬品の普及に向け，研究開発・製造・販売を行うジェネリック医薬品の総合メーカーです。さらに，医薬品に関わるすべての方にとって飲みやすく，扱いやすい付加価値製剤の研究開発にも注力しています。また，「人々の健康に貢献する」という企業理念を掲げ，健康関連産業における新規事業の創出にも取り組んでいます。

＜TIS株式会社について＞
TISインテックグループのTISは，SI・受託開発に加え，データセンターやクラウドなどサービス型のITソリューションを多数用意しています。同時に，中国・ASEAN地域を中心としたグローバルサポート体制も整え，金融，製造，流通／サービス，公共，通信など様々な業界で3,000社以上のビジネスパートナーとして，お客様の事業の成長に貢献しています。

＜Ｔスクエアソリューションズについて＞
Ｔスクエアソリューションズは，地域包括ケアを構成する自治体や医療機関・保険薬局，介護施設などを中心に様々な社会課題解決に向けたIT関連サービスの企画・提案・導入支援，メディカル業界に対するIT関連サービスを提供するために，東和薬品株式会社とTIS株式会社による合弁会社として，2018年10月に設立しました。

管理職のための実践スキル講座

2021年4月15日　第1版第1刷発行

編著者　天　野　雄　介
発行者　山　本　　　継
発行所　㈱中央経済社
発売元　㈱中央経済グループ
　　　　パブリッシング

〒101-0051　東京都千代田区神田神保町1-31-2
電話　03 (3293) 3371 (編集代表)
　　　03 (3293) 3381 (営業代表)
https://www.chuokeizai.co.jp

© 2021
Printed in Japan

印刷／文唱堂印刷㈱
製本／誠　製　本　㈱

＊頁の「欠落」や「順序違い」などがありましたらお取り替えいた
しますので発売元までご送付ください。(送料小社負担)
ISBN978-4-502-38281-9 C3034